보이스
퍼스트
패러다임

슈퍼
플랫폼을
선점하라

보이스 퍼스트 패러다임

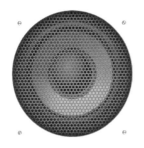

슈퍼 플랫폼을 선점하라

호모 디지쿠스_Homo Digicus
강정수 외 9인
지음

아마존의나비

호 모 디 지 쿠 스 : 디 지 털 경 제 스 터 디 클 럽

"왜 IT 최신 트렌드 자료는 영어 자료밖에 없나요?"

IT, 유통, 게임. 법률 등 각 전문분야에서 일하는 9명의 직장인이 2017년 초 〈호모 디지쿠스〉 모임을 결성했다. 이들이 디지털경제 전문가인 강정수 연세대 커뮤니케이션센터 교수와 함께 '기술이 한국 사회와 미래에 끼칠 영향'에 대한 공부를 시작했을 때 가장 먼저 느꼈던 의문이었다. 4차 산업혁명이란 말이 유행어가 되기 전부터 이미 혁명은 피부로 느껴지고 있었는데 이들이 읽어야 할 밑 자료는 해외 기술 블로그나 학술 전문지 등 외국 자료가 대부분이었다. 인공지능, 알고리즘, 자율 주행 차, 신재생에너지, 사라지는 일자리, 기술 변화에 따른 규제의 변화 등등.

이들이 일하는 곳은 제각각이었다. 전자 및 반도체 회사, 전자상거래 및 게임 회사, 법무법인, NGO, 영상 제작 등. 그러나 '기술이 한국 사회와 미래에 끼칠 영향'에 대한 관심만은 공통적이었다.

〈호모 디지쿠스〉는 장충동 모처에서 한 달에 한 번, 공부 모임을 시작했다. 발제하고 토론하며 책을 쓰기로 결심했다. 그 첫 주제로 '보이스 인공지능'을 택했다. 목소리가 컴퓨터를 움직이고 검색을 하는 수단이 될 때, 우리의 생활과 산업에는 어떠한 변화가 있을지 궁금했기 때문이다. 〈호모 디지쿠스〉는 호기심을 채워나가는 공부 모임을 통해 가장 첨예한 IT 기술 이슈에 대한 저술 활동을 이어갈 계획이다.

_ 강정수　미디어 스타트업 투자 및 지원 기업 〈메디아티〉 대표. 연세대 커뮤니케이션센터 겸임교수. 디지털 경제를 연구하고 있다.

_ 김가연　인터넷 자유 운동 시민단체 (사)오픈넷 변호사 겸 활동가. 어릴 때부터 꿈꿔온 삶을 사는 중이며, SF 영화 〈매트릭스〉를 좋아한다.

_ 김영경　외국계 투자은행에서 10여 년간 애널리스트로 투자 분석을 진행했으며, 현재는 e-commerce 업체 전략실에서 근무한다. 외국어를 좋아하고 새로운 트렌드에 관심 있는 'lifelong student'이다.

_ 김형석　삼성전자 책임연구원. 영상처리, 비전, 머신러닝/딥러닝, 어플리케이션 프로세서(AP) 설계 분야에서 연구 개발에 전념하고 있다.

_ 박래형　법무법인(유한) 로고스 변호사, (사)희망과 동행 이사

_ 박성미　콘텐츠 생산 노동자. 단편영화 감독. 디지털 유목민. 글을 그림으로, 어려운 이야기를 쉬운 이야기로 바꾸어 내는 일에 관심이 많다.

_ 송승훈　회계법인과 글로벌 게임회사를 거쳐 현재 외국계 IT 기업 근무. 사람, 와인, 책, 새로운 기술과 트렌드에 관심이 많으며, 항상 배우고 성장하는(atmosphere of continual growth) 삶을 지향한다.

_ 이수현　하는 일은 홍보. 월급 받는 곳은 게임회사. 새로운 건 늘 재미있다. 배우는 게 좋고, 사람을 좋아한다. 디지털 시대 사람이 사람답게 살아야 할 길이 고민이다. 삼인행필유아사(三人行必有我師)를 머리에 새겨 살고자 한다.

_ 장해강　반도체 회사 엔지니어. 센서, IoT에 관심과 비전을 가지고 있다.

_ 홍윤희　16년째 IT 기업에서 다양한 종류의 커뮤니케이션 업무 담당. 요즘의 주요 관심사는 임팩트를 만들어내는 사회 활동이다. 인간의 문제를 발견하고 해결하고자 하는 노력이 AI 시대의 생존법이라고 믿는다.

보이스 퍼스트 패러다임
슈퍼 플랫폼을 선점하라

펴낸날 2017년 9월 30일

지은이 호모 디지쿠스(Homo Digicus): 강정수 외 9인
만들어 펴낸이 오성준 **펴낸곳** 아마존의나비
본문디자인 Moon & Park **인쇄** 이산문화사 **출판등록** 제406-251002014000114호
주소 경기도 파주시 광인사길 121 **전화** 031-947-1961, 1962 **팩스** 031-947-1966
웹사이트 www.chaosbook.co.kr
ISBN 979-11-957857-9-7 03300

정가 12,800원

사실, 아무도 이 책이 세상에 나오리라고는 확신하지 않았습니다.

언제나 그렇듯 시작은, 근사한 아이디어를 핑계 삼은 누군가의 '지름'이었습니다. 뜻을 함께하고자 한 사람들도 처음엔 반신반의했죠. 원래도 바쁜 사람이 심지어 새 일을 시작한 지 얼마 되지도 않았는데 또 새로운 일을 벌리나 보다, 재미있겠네, 정도였을까요. 물론 각자의 생각은 달랐던 것 같습니다만, 일단 시작해보는 데 뜻을 함께 했습니다. 하다 보면 뭐라도 나오겠죠.

어쨌든 지난 봄, 그렇게 시작되었습니다. 사람은 원래 모여 있었으니 이제 뜻을 모으고 글을 모으는 일만 남았습니다. 주제도 금방 나왔습니다. 보이스 퍼스트Voice first. 우리는 인공지능 음성비서라고 이름 붙였습니다. 사실상 첫 서비스라고 할 수 있는 시리Siri가 나온 건 벌써 몇 년 전이지만, 지난 몇 달간 이와 관련해 나온 뉴스와 제품, 서비스는 가히 폭발적이었습니다. 시의적절하고 재미있는 주제라는 데 모두 공감했습니다.

함께 공부를 시작했습니다. 1년 넘게 테크tech와 디지털 이코노미digital economy를 공부했다고는 하지만 여전히 모르는 건 많고 배워야 할 것들은 매일매일 쏟아져 나오니까요. 역시나 공부할 건 많았고, 그러면서 또 생기는 궁금증, 고민들은 만나서 얘기했습니다. 우리 열 명은 모두 다른 출발점과 전공을 갖고 있었고, 하는 일과 기반을 두는 곳 또한 제각각이었습니다. 그래서 가능했겠죠. 혼자 고민해서 풀리지 않던 의문은 이렇게 서로 다른 톱니바퀴들이 맞물려 돌아가며 해답을 찾아냈습니다. 때론 맞물려 돌아가지 않아도, 그걸로 충분했습니다. 어떨 땐 거꾸로 돌아가며 부딪히기도 했지만, 그 역시 자리를 잡아갔습니다.

본격적으로 글을 쓰기 시작했습니다. 함께 공부한 내용을 두고 각자 쓸 부분을 나눴습니다. 가능한 자신의 능력을 살릴 수 있는 챕터를 선택했죠. 글을 쓰기 위해서는 또 거기에 각자의 노력이 더 들어가야 했습니다. 더 많은 내용을 공부하고 팩트를 체크하고 데이터를 찾고, 그러다 보면 또 새 소식이 나오고. 따로 또 같이하는 이런 일들에 모두 얼마의 땀과 시간이 들어갔는지는 알 수 없습니다. 분명한 건 하나. 나눠 쓴 글일지라도 혼자만의 생각은 아니라는 것입니다. 수차례의 만남과 그보다 더 많은 단톡방의 토론으로 이제 모두가 따로, 또 같은 생각을 하고 있게 되었으니까요.

탈고인지 탈골인지 모를 작업이 끝났습니다. 아쉬웠습니다. 모두의 글을 모아 다듬고, 그림을 넣고, 뼈를 깎는 고통 끝에 잘

라낸 글들이 많습니다. 잘라낸 것과 별개로, 더 보태야 할 이야기와 분명히 있어야 할 생각들도 남아 있었습니다. 그동안 나눴던 생각과 토론의 과정을 그 자체로 담아보고 싶었습니다. 얘기를 나눈 후엔 늘 그 휘발성이 못내 안타까웠기에, 책을 마무리하는 부분에 우리가 나눈 얘기들을 실어 이 책을 읽는 분들과 함께 나누자고 생각했습니다. 우리 열 명이 나누었던 경험을 더 많은 이들과 '싱크sync'되는 경험으로 넓혀보고 싶었습니다. 아직 다가오지 않은, 그러나 곧 현재가 될 미래에 대해 함께 꿈꿔보고 싶었습니다.

대체 책이 나오긴 할까라는 고민이 무더위로 스러져갈 무렵, 우리는 마무리를 짓고 있습니다. 이 글이 읽혀지고 있다면, 마침내 우린 마무리에 성공한 것이겠죠.

사실, 시작은, 1년 전 겨울이었습니다. 2016년 초 칼바람 부는 어느 날, 우리는 두터운 코트와 목도리, 모자로 온 몸을 꽁꽁 싸맨 채 처음 만났습니다. 도저히 어디서 일부러 모아도 그렇게 모이기 힘들 것처럼 공통점이 없는 사람들이었습니다. 그렇게 쭈뼛쭈뼛 모여 코트와 목도리를 벗으며 처음 인사를 나눌 때만 하더라도, 지금 이렇게 같이 뭔가를 하고 있다는 건 상상조차 하지 못했죠. 그때만 해도 난생 처음 보는 사람들이었으니까요. 하지만 시작하면서 느꼈습니다. 지난 1년여의 시간을 함께한 이들이라면 뭐든 한번 재미있게 해볼 수 있을 것 같다고요.

언제나 그렇듯 시작은, 재미있는 일을 한번 해보자는 뜻을 같이 한 사람들의 마음이 모였기 때문입니다. 많은 일들이 있었지만 어쩐지 앞으로도 우리는 뭔가 재미있는 일을 또 해볼 수 있을 것 같습니다.

늘 그렇듯, 시작이 어려운 법이고 우리는 시작을 했으니까요. 다 같이 헤매던 처음, 탄탄한 책의 흐름을 잡는 데 아낌없는 조언과 도움을 주신 S님께 감사를 표하면서.

2017년 여름,
강남에서, 홍대에서, 장충동에서, 판교에서
그리고 클라우드에서

1

Welcome to the
Voice First World

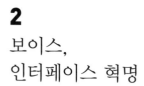

2
보이스,
인터페이스 혁명

3
보이스,
세상을 먹어 치우다

보이스 인공지능 서비스 전쟁

워털루 전쟁의 재현:
아마존 vs. 월마트 + 크로거 + 홀푸드

2017년 6월 16일 아마존은 유기농 제품을 주로 판매하는 슈퍼마켓 체인점 홀푸드Whoe Foods Market를 137억 달러(약 15조5,000억원)에 인수한다[1]고 밝혔다. 1980년 미국 텍사스 오스틴에서 시작하여 2015년 기준 431개의 체인점으로 성장한 홀푸드 마켓은 유기농 식품을 (상대적으로)고급스러운 매장에서 판매해 미국 중산층의 사랑을 받고 있는 마켓 체인이다. 월마트Walmart로 대표되는 중저가 디스카운트 마켓과 대비되었다. 그러나 경쟁사들이 유기농 식품 시장을 가만히 놔둘 리 없었다. 월마트와 크로거Kroger 또한 유기농 판매에 나섰고, 크로거는 마침내 2016년 유기농 매출에서 홀푸드 마켓을 앞섰다. 월마트와 크로거의 중저가 유기농 공세에 홀푸드는 '365[2]'라는 유기농 디스카운트 마켓으로 맞섰고, 설탕과 주류를 팔지 않겠다던 홀푸드 창업자 존 맥키John Mackey의 유기농 혁명의 약속은 오래가지 못했다. 홀푸드 역시 '매출 성장 압력'을 거부할 수 없었기 때문이다. 그 과정에서 홀푸드의 부채는 30억 달러 규모로 크게 증가했고, 2017년 4월 월스트리트의 행동주의 투자자들은 홀푸드의 주식 9퍼센트를 매수함과 동시에 공개적으로 홀푸드의 매각 또는 최고경영진 존 맥키의 교체를 요구했다[3]. 월마트와 크로거의 공세, 주주들의 거친 요구에 밀려 존 맥키는 2015년 당시만 해도 경쟁자로 여기지 않는다고 공개적으로 선언하며 무시했던 아마존에 홀푸드의 운명을 맡기기로 결정한 것이다[4].

2015년 맥키는 식료품 판매에 뛰어든 아마존을 '워털루 전쟁에서 몰락한 프랑스 군대' 또는 '나폴레옹'에 비유했다. 나폴레옹은 1815년 6월 18일 오후 1시에 시작해 8시에 끝난 워털루 전투에서 네덜란드, 영국, 프로이센 연합군에 의해 최후를 맞았다. 영국 시인 바이런George Gordon Byron은 약 4만4천 명의 사상자를 낸 워털루를 '연합군이 프랑스 독재자에게 승리한 골고다 언덕'이라 묘사했고, 빅토르 위고Victor Hugo는 영토를 확장하려는 프랑스 세력과 이에 맞서 자신의 영토를 지키려 했던 연합군 세력 사이의 워털루 전투를 '세계 질서의 재편'으로 해석했다. 맥키는 식료품 시장(=워털루)을 전체 상거래 시장의 왕좌를 놓고 벌어지고 있는 전쟁의 마지막 격전지로 여겼다. 그러나 거만함으로 잘못된 판단을 내린 패자는 아마존(=나폴레옹)이 아닌 72세의 노장 레버레히트 장군이 이끈 프로이센(=홀푸드)이며, 승리의 여세를 몰아 아마존은 영국군(=월마트)과 네덜란드 군(=크로거)을 향해 진격을 시작하고 있다. 월마트는 2016년 8월

제트닷컴jet.com을 33억 달러에 인수하며 전자상거래 시장에서 아마존과 결투를 준비하고 있다. 하지만 2017년 6월 2일 월마트 대표 더그 맥밀런Doug McMillon은 "우리는 기술로 경쟁하지만 결국 (오프라인 매장에서 일하는)사람으로 (아마존을)이길 것이다we will compete with technology, but win with people"5라며 오프라인 매장이 없는 아마존의 한계를 지적했다. 정확히 2주 만에 아마존은 맥밀런의 주장을 비웃듯 홀푸드를 인수하며 월마트와의 팽팽한 전력 경쟁을 선언했다. 워털루 전투에서 승리한 아마존의 전략을 가늠할 경우, 이후 상거래 시장 질서가 어떻게 재편될지 판단할 수 있다.

아마존 군단의 숨은 무기는 무엇일까? 아마존 군단에 새롭게 결합한 홀푸드는 어떤 역할을 맡게 될까? 아마존 군단의 실체에 대한 이해가 없을 경우 세계 상거래 시장의 전쟁은 아마존의 승리로 쉽게 끝날 가능성이 매우 높다.

아마존 웹서비스: X as a Service의 시작

2006년 시작한 아마존 웹서비스Amazon Web Service, AWS는 소프트웨어뿐만 아니라 서버 등 하드웨어까지 온 디맨드on-demand 서비스 영역으로 옮겨 놓았다. 아마존 웹서비스가 고객들에게 선보인 다양한 소프트웨어, 운영체제, 데이터베이스, 저장장치, 서버,

네트워크 등은 모두 아마존이 자신의 전자상거래 서비스에 이미 이용하고 있는 서비스와 재화들이다. 이렇게 아마존은 자기 비즈니스에서 출발했고, 자기 비즈니스의 경쟁력을 높이기 위해 필요한 디지털 혁신 기술digital enabling technology 그 자체를 사업화한 것이다.

1960년과 1970년에 걸쳐 도요타는 도요타 생산시스템Toyota production system, TPS[6] 또는 린 생산 방식Lean manufacturing[7]으로 일본 자동차의 세계 공략을 가능하게 했다. 경제 효율성과 높은 품질을 모두 가능하게 했던 도요타 생산시스템은 '품질이 뛰어나면서 동시에 소비자 가격이 낮은' 자동차로 미국과 독일 자동차 업계에 공포감을 선사했다. 그 이후 도요타 생산시스템은 테일러리즘Taylorism으로 대표되는 미국 포드의 대량생산 방식이 지배해온 서구 자본주의 생산 방식의 일대 혁신을 상징했고, 세계 다수 기업에게 "도요타를 배우자"라는 열풍을 불러 일으켰다. 생산 과정 중간 단계를 전문 기업에게 맡기고, 이들 기업과 신뢰와 협업을 기반으로 한 생산 과정의 지속적 개선Kaizen[8]을 목표로 한 도요타 생산시스템은, 그러나 1997년 이후 한국 사회에서 '아웃소싱outsourcing 도미노'와 세계에서 유례를 찾아볼 수 없는 갑을병정 생산 과정으로 귀결됐다.

한국의 대형 기업들은 삼성 SDS, LG CNS, SK C&C 등 이른바 그룹 내 SI 전문 기업으로 일찍이 디지털 혁신 기술을 사업화했다. 아마존 웹서비스가 '서비스로서의 소프트웨어Software as a

Service’에 기반한 클라우드 서비스라면 한국 SI 회사들은 여전히 ‘상품으로서의 소프트웨어Software as a Product’ 패러다임을 크게 벗어나고 있지 못한 상태다. 또한 아마존 웹서비스는 클라우드 기반 규모의 경제를 구현하고 있다. [그림 0.1]에서 확인할 수 있는 것처럼 ‘규모 경제의 순환’이 아마존 웹서비스에서 발생하고 있다.

그림 0.1_ 아마존 웹서비스와 규모 경제의 순환(그림: 강정수)

아마존 웹서비스 입장에서 볼 때, 아마존닷컴은 사업의 시작점이자 최고의 고객이다[9]. 아마존 웹서비스를 운영할 수 있는 기본 매출이 아마존닷컴을 통해 창출된다. 애플 아이클라우드icloud[10], 에어비앤비Airbnb, 리프트Lyft, 스냅챗Snapchat[11] 등 고객이 증가할수록 아마존 웹서비스에는 긍정 규모의 경제 효과가 발생한다. 긍정 규모의 경제 효과는 다시 비용 절감 효과 또는 서비스 개선으로 이어진다. 이는 다시 아마존닷컴의 경쟁력과 차별성을 증대시킨다. 아마존에서 아마존 웹서비스와 유사한 역할을 담당하는 서비스는 아마존의 창고와 물류 업무를 담당하는 아마존 풀필먼트Amazon Fulfillment이다.

아마존 풀필먼트: Logistics as a Service

아마존닷컴의 성장을 이끌고 있는 중심 축은 오픈마켓인 아마존 마켓플레이스Amazon Marketplace와 아마존 프라임Amazon Prime이다. 아마존 프라임은 미국과 유럽에서 최대 익일 배송을 약속한 연간 구독subscription 서비스다. 상대적으로 좁은 한국 땅에서 익일 배송은 쉬운 과제일 수 있으나, 지역이 넓은 미국과 유럽에서의 익일 배송은 높은 수준의 기술 도전이다. 이를 뒷받침하는 것이 창고, 배송 등 물류 서비스인 아마존 풀필먼트이다. 아마존 풀필먼트는 2014년 물류창고에 도입된 키바Kiva 로봇시스템[12]과 배송에 도입된 예측 배송anticipatory shipping[13]에 힘입어 높은 수준의 경제성을 확보하기 시작했다. 아마존은 2015년 6월부터 이 서비스를 아마존의 경계를 넘어 마켓플레이스에 입점한 제3자에게도 제공하기 시작했다[14]. 아마존 마켓플레이스에 입점한 약 50만 개의 물품이 이른바 FBAFulfillment by Amazon를 통해 소비자들에게 배송된다. 이를 통해 아마존 풀필먼트는 아마존 웹서비스와 유사하게 긍정 규모의 경제 효과를 만끽할 수 있다. [그림

0.2]에서 확인할 수 있는 것처럼 아마존닷컴은 아마존 풀필먼트의 첫 번째 고객이자 최고의 고객이다. 마켓플레이스에 입점한 크고 작은 판매자가 아마존의 물류 및 배송 서비스를 이용하면서 고객군을 형성하고 있다. 한국 오픈마켓 서비스 기업들이 중개 플랫폼 운영을 통해 큰 이윤을 얻지 못하고 있는 상황과 달리, 아마존은 마켓플레이스 입점 기업으로부터 물류 매출과 이윤을 얻고 있다. 아마존 풀필먼트가 긍정 규모의 경제 효과를 만끽하고 있기 때문이다. 바로 여기서 아마존의 홀푸드 인수의 경제적 효과를 읽을 수 있다. 홀푸드는 아마존 풀필먼트의 주요 고객이 될 가능성이 높으며, 동시에 홀푸드 마켓의 물류 노하우는 아마존 풀필먼트의 경제 효율성을 증대시킬 수 있다.

그림 0.2_ 아마존 풀필먼트와 규모 경제의 순환

컴퓨터 비전computer vision, 딥러닝Deep Learning 기술 등이 적용된 아마존 고Amazon Go는 계산대가 사라진 무인 쇼핑을 가능하게 하는 매장 운영 서비스다. 다시 말해 아마존 고는 오프라인 매장 이름이 아니라 매장을 방문한 소비자에게 새로운 쇼핑 경험을 제공하는 서비스다. 따라서 [그림 0.3]이 묘사하고 있는 것처럼, 홀푸드뿐 아니라 복수의 백화점 및 마트, 레스토랑 등이 아마존 고의 고객이 될 수 있다.

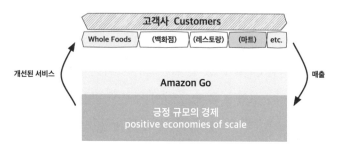

그림 0.3_ 아마존 고와 규모 경제의 순환

아마존 고가 오프라인 매장의 운영체제로 작동할 수 있음을 읽을 수 있는 대목은 아마존이 2016년과 2017년 사이에 진행한 아래와 같은 다양한 상표 등록 현황이다.[15]

- NO LINES, NO CHECKOUT
- LINE-FREE SHOPPING
- LINES ARE BORING
- NO-CLICK SHOPPING

보이스 퍼스트 패러다임:
슈퍼 플랫폼을 선점하라

- ONE STOP/NON-STOP
- SCAN. GRAB. GO.
- SKIP THE LINE
- SKIP THE WAIT
- YOUR GRAB, YOUR TAB
- GRAB & GO. LITERALLY.
- NO-LINE LUNCH
- NO-LINE BREAKFAST
- NO-LINE DINNER
- NO-LINE ESSENTIALS
- NO-LINE MEALS
- NO-LINE SNACKS

아마존이 등록한 상표 목록에서 확인할 수 있는 것처럼 아마존 고는 그 자체 브랜드로서도 기능하지만, 다양한 쇼핑과 지불 문화와 연관되어 있음을 알 수 있다. 특히 노−라인 런치No-line lunch, 노−라인 디너No-line dinner, 노−라인 밀No-line meal 등은 아마존 고 기술이 음식점 등으로 확장될 수 있음을 시사하고 있다. 아마존 스스로가 미국 또는 전 세계에 존재하는 수백만 또는 수천만 음식점을 직접 운영할 수는 없다. 아마존은 아마존 고를 아마존 웹서비스와 유사하게 클라우드 기반 매장 운영 서비스로 제공하려 함을 알 수 있다. 홀푸드뿐 아니라 미국, 유럽, 또는 한국의 다양한 오프라인 매장 등이 아마존 고, 그리고 아마존 풀필먼트의 주요 고객으로 등장할 수 있다. 아마존은 거대한 상거래 시장에서 직접적인 플레이어로 역할을 다하겠지만, 이보다는 더 많은 수의 제3사업자에게 관련 서비스를 제공하는 상거래 시장의 간접 플레이어로 기능할 가능성이 높다. 다양한 운영 서비스가 플랫폼 기반으로 제공되고 이들 개별 서비스가 긍정 규모의 경제 효과를 누리며 빠른 속도로 질적 진화를 거듭할 수 있다. 이런 가정하에 한국의 다양한 식당과 매장에서 'powered by Amazon Go' 또는 'powered by Amazon Fulfillment'를 볼 수 있는 날도 얼마 남지 않았다고 예측해도 무리는 아니다.

아마존 전략 무기: 동적 수평 통합과 수직 통합

도요타 생산시스템 이전 전통 완성차 사업자는 매우 높은 생산의 깊이production depth를 보였다. 여기서 생산의 깊이는 생산의 가치사슬supply chain에서 특정 기업이 완성품 생산에 기여하는 비중을 말한다. 포드 자동차의 경우, 초기 생산의 깊이는 100퍼센트였다. 자동차 생산에 필요한 철강과 타이어 심지어 유리까지 직접 생산했기 때문이다. 도요타 생산시스템은 도요타에서의 생산의 깊이를 크게 낮췄다. 중간 단계의 이른바 협력 업체supplier의 전문성을 강화했고, 이들 협력 업체는 혼다, 니산 등 도요타 이외의 자동차 기업과 협력 관계를 형성했다. 이를 수평 통합horizontal integration[16]이라 부른다. 가치사슬의 개별 단계에서 수평 통합은 비용 절감 등 각 단계에서 규모의 경제를 가능케 한다. 결과적으로 도요타 생산 과정 전체의 경제성이 증대했다. 도요타는 내연기관, 동력 전달 장치, 프레임워크, 디자인 등 핵심 역량에 보다 집중할 수 있었고, 이러한 생산시스템은 일본 자동차 기업의 경쟁력 상승으로 이어졌다. 이에 힘입어 일본 자동차 기업은 1980년대 세계 자동차 시장의 중심축으로 떠올랐다. 여기서 주목할 점은 도요타 생산시스템은 핵심 역량에 대한 집중을 통한 전문성 강화와 이에 기초한 규모의 경제 효과를 추구했다는 것이다. 비용 절감은 목표가 아니라 그 결과 중 하나였다.

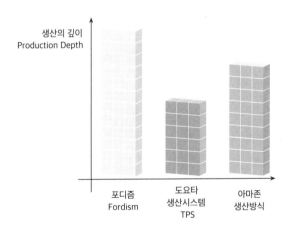

그림 0.4_ 생산 방식에 따른 생산의 깊이 변화(그림: 강정수)

아마존 웹서비스, 아마존 풀필먼트 등에서 확인할 수 있는 아마존의 전략은 생산의 깊이를 다시 높이는 방향이다. [그림 0.4]가 표현하고 있는 것처럼 이른바 수직 통합vertical integration을 통해 생산의 깊이가 다시 강화되고 있다. [그림 0.1], [그림 0.2], [그림 0.3]에서 확인할 수 있는 것처럼 아마존은 생산의 깊이를 높임과 동시에 생산의 가치사슬 각 단계를 동적 수평 통합dynamic horizontal integration하고 있다. [그림 0.5]가 표현하고 있는 것처럼, 아마존의 동적 수평 통합의 출발점은 아마존 웹서비스다. 자원의 동적dynamic=on demand 이용을 특징으로 하는 아마존 웹서비스에 기반하여 아마존 알렉사 플랫폼, 아마존 고, 그리고 아마존 풀필먼트가 작동하기 때문이다. 아마존 웹서비스도 x, y, z로 수평 확장 또는 통합을 꾀하고, 아마존 웹서비스는 아마존 풀필먼트를 수직적으로 통합시키고, 아마존 풀필먼트는 여기서 다시 수평적으로 확장한다.

아마존은 자신의 오픈마켓인 마켓플레이스에 참여하고 있는 판매자들에게 물류 서비스인 FBA 등 다양한 아마존 서비스를 제공하고 있다[17]. FBA는 [그림 0.5]의 아마존 풀필먼트 행의 'x'에 대입 가능하다. 2016년 크리스마스 시즌에 FBA를 이용하고 있는 오픈마켓 참여자 비율은 55퍼센트에 달하고 있으며[18], FBA를 중심에 둔 아마존 서비스의 매출은 [그림 0.6]에서 확인할 수 있는 것처럼 꾸준히 증가하고 있다.

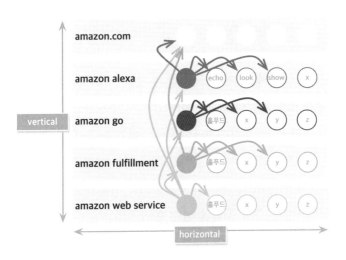

그림 0.5_ 아마존의 수직 및 수평 통합(그림: 강정수)

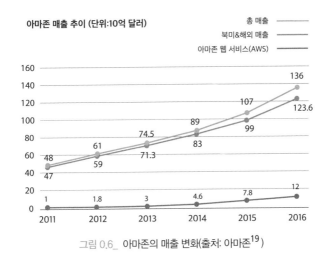

그림 0.6_ 아마존의 매출 변화(출처: 아마존[19])

보이스 인공지능: 모바일 플랫폼을 장악하기 위한 전략

아마존의 동적 수직 및 수평 통합 모델은 아마존의 보이스 인공지능인 알렉사Alexa에도 적용할 수 있다. 아마존 알렉사의 제1의 고객이자 최고의 고객은 아마존에서 출시한 스피커 에코eco이다. 그리고 그 고객은 에코 쇼Show, 에코 룩Look으로 확대되고 있다. [그림 0.5]의 아마존 알렉사 행의 'x'는 아마존 자체 브랜드가 아닌 다수의 타 기업 보이스 인공지능 서비스를 의미한다.

수직 통합과 수평 통합을 넘어 아마존의 보이스 인공지능 알렉사가 가질 수 있는 비즈니스 또는 산업적 의미는 무엇일까? 알렉사·에코는 아마존의 미래와 어떤 연관성을 가지고 있을까? 소프트웨어 플랫폼과 영상 플랫폼을 지향하는 TV 셋톱박스 파이어 TVFire TV는 상거래 서비스 아마존과 어떤 연관성을 가지고 있을까? 버튼을 한 번 누르기만 하면 자동으로 상품 구매를 완료해주는 대시 서비스dash replenishment service, DRS[20]는 사물 인터넷 능력을 과시하는 실험에 불과할까, 아니면 스마트홈 또는 디지털 생활 플랫폼을 장악하기 위한 아마존의 전술일까?

이 질문들에 대한 답은 간접적으로 아마존 파이어폰Amazon Fire phone의 실패에서 찾을 수 있다. 2014년 7월 아마존은 안드로이드에 기반한 '파이어 OS'를 탑재한 '파이어폰'을 출시했다. 그러나 2010년부터 준비해온[21] 아마존의 스마트폰 시장 참여는 단 1년 만에 실패했다. 전자상거래 시장 장악을 목표로 하는 아마

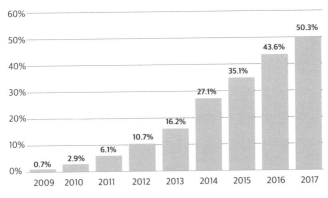

그림 0.7_ 모바일 기기에서 발생한 웹사이트 트래픽 비중

존이 스마트폰 시장에 진출한 이유는 무엇일까?

첫째, 인터넷과 상호 작용하는 중심축이 PC 인터넷, 웹사이트 그리고 브라우저에서 모바일 앱app으로 옮겨가고 있다. 웹사이트 트래픽도 모바일 의존도가 기하급수적으로 증가하고 있어 PC에서 모바일로의 완전한 이전도 먼 미래의 일이 아니다([그림 0.7]). 단적으로 아시아 지역의 경우 웹사이트 트래픽의 65.1 퍼센트가 모바일 기기에서 발생하고 있다([그림 0.8]). PC 인터넷과 웹사이트의 중요성이 사라지지는 않겠지만, 디지털 세계를 살아가는 절대 다수의 사람들에게 PC 인터넷과 웹사이트는 더 이상 가장 중요한 구성 요소가 아니다.

둘째, 모바일 기기 또는 모바일 생태계는 중립적이지 않다. 마이크로소프트의 인터넷 익스플로러, 구글의 크롬 등 브라우저 그 자체는 웹사이트와 인간이 상호 작용하는 성격을 규정하지 않는다. 상호 작용의 특징은 브라우저가 아닌 개별 웹사이트의 구성에 따라 크게 결정된다. 호환성을 추구하는 브라우저는 기술 중립성을 가지기 때문이다. 그러나 모바일 플랫폼의 경우는 다르다. 모바일 플랫폼은 구글의 안드로이드와 애플의 iOS가 장악하고 있다. 구글과 애플은 (이론적으로)특정 기능을 모바일 운영체제에 추가하거나 뺄 수 있다. 예를 들어 2007년부터 웹브라우저에서 시작한 아마존 페이Amazon Pay는 구글과 애플이 정책을 변경하면 모바일 쇼핑에서 쉽게 그 지위를 위협받을 수 있다. 매년 개선되고 있는 애플 페이Apple Pay와 안드로이드 페이Android Pay의 편의성은 아마존과 그 밖의 상거래 서비스 사업자에게는 잠재적 경쟁 상대이다.

셋째, 모바일 운영체제와 유사하게 플랫폼 운영자의 지배력이 높은 영역이 TV, 스마트 홈, 사물 인터넷 등이다. 직간접적 네트워크 효과를 만끽하는 플랫폼 운영자는 '승자 독식a winner takes all'에 기반한 경제적 주도권을 얻을 수 있다22. 모바일 운영체제의 주도권은 구글과 애플이 이미 가져갔다. 아마존은 스마트폰의 실패에도 불구하고 미래 디지털 세계의 주요 플랫폼 영역인 TV, 스마트 홈, 사물 인터넷 등에서 '플랫폼 주도권'을 확보하기 위해 노력하고 있다. 이러한 맥락에서 아마존의 알렉사, 파이어 TV, 대시 출시의 의미와 목표를 이해할 수 있다.

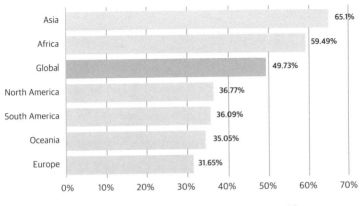

아마존은 파이어폰뿐 아니라 반스앤노블Barnes & Noble의 디지털 실패에서 교훈을 얻었을 가능성이 높다. 반스앤노블은 2010년 이후 누크 컬러Nook Color, 누크 HDNook HD 등의 태블릿을 판매했다. 이용자는 이들 하드웨어로 전자책의 다양한 포맷뿐 아니라 반스앤노블 이외의 사업자가 판매하는 전자책을 이용할 수 있다. 하지만 전자책 이외에는 반스앤노블의 앱만 사용할 수 있다. 앱 스토어를 제한하는 정책 자체가 문제는 아니다. 단지 누크 앱스토어에서 내려 받을 수 있는 앱의 수가 지극히 적을 뿐이다. 다시 말해 반스앤노블은 지속적으로 성장하는 앱 생태계를 만들지 못하고, 전자책 관련 소수의 앱을 제공하고 있다. 앱에 대한 폭 넓은 선택권을 제공하지 못한다면 소프트웨어 플랫폼은 작동하지 않는다. 결국 반스앤노블은 2016년 동영상 플랫

폼인 누크 비디오와 누크 앱스토어의 문을 닫았다[23].

이후 탄생할 보이스 인공지능 생태계 또한 유사하다. 상거래(아마존), 메시징(라인) 등 특정 목적에 제한되지 않는 범용 general-interest 보이스 인공지능 플랫폼을 형성할 때 해당 플랫폼의 성공 가능성이 높아질 수 있다. 다음 표에 서술한 알렉사 보이스 플랫폼의 성장 과정을 살펴보면 아마존이 '플랫폼 지배력'을 확보하기 위해, 참을성을 가지고 한 발 한 발 전진하고 있음을 확인할 수 있다.

참고로 알렉사 스킬Alexa Skill은 스마트폰의 앱app에 해당한다. 알렉사 스킬스 킷Alexa Skills Kit, ASK 공개를 통해 음악 서비스 판도라Pandora, 스포티파이Spotify[32]와 스마트 홈 서비스 필립스 휴Philips Hue, 벨킨 위모Belkin WeMo[33]가 알렉사 · 에코 생태계에 첫 발을 딛었다. 2017년 7월 기준 알렉사 스킬의 수는 1만5천 개를 넘어서고 있으며, 영어와 독일어 서비스를 제공하는 알렉사 스킬을 위한 스토어가 운영되고 있다[34]. 2016년 출범한 알렉사 펀드는 보이스 및 사물 인터넷 관련 기술 기업에 대한 시드seed 및 시리즈 Aseries A 투자를 중심에 두고 있다. 몸짓 제어 기술 기업 탈믹 랩스Thalmic Labs, 로보틱스 기업 임바디드Embodied, 홈 자동화 기업 에코비Ecobee, 유아 모니터링 기업 아울렛 베이비 케어Owlet Baby Care에 시리즈 B 투자, 초인종 제작 기업 링Ring에 시리즈 C 투자를 진행했다[35]. 이외에도 알렉사 펀드는 스프링쿨러Rachio, 인터컴Nucleus, 스피커Musaic, 보안 카메라Scout Security, 부엌 기기Invoxia, 반

표 0.1_ 알렉사 보이스 플랫폼 성장 과정(표: 강정수)

연도	주요 내용	비고
2012	영국 캠브리지 소재 보이스 인공지능 서비스 에비(Evi) 인수[24]	알렉사 개발 착수
2014.11	알렉사와 에코의 시제품 공개[25]	
2015	알렉사 스킬스 킷(Alexa Skills Kit, ASK) 공개[26]	판도라(Pandora), 필립스 휴(Philips Hue) 등 다양한 외부 서비스 연동
2015.5	알렉사, 에코에 구매·쇼핑 기능 추가[27]	
2015.6	알렉사, 에코로부터 독립[28]	
2015–2016	알렉사, 수직 통합 영역 확대	오디블(Audible), 킨들(Kindle) 통합. 오디오북[29]과 전자책[30]을 읽어주는 서비스 시작
2016	미국 포드(Ford), 자동차 기업 최초로 알렉사 생태계 합류[31]	
2016	아마존, 1억 달러 규모의 알렉사 펀드(Alexa Fund)출범	

려동물 먹이통Petnet 등 다양한 사물 인터넷 분야에 투자하고 있다. 알렉사 펀드는 알렉사와 수직 및 수평 통합할 수 있는 서드 파티third-parties의 범위 또는 영역을 확장하는 역할을 담당하고 있다.

지금까지 살펴본 아마존 알렉사·에코의 진화 과정은 알렉사가 플랫폼을 지향하고 있음을 쉽게 알 수 있다. 알렉사는 아마존 상거래 서비스의 보이스 인터페이스를 뛰어넘어 음악, 영상, 퀴즈 등 다양한 스킬을 제공하는 등, 스마트폰과 앱 생태계의 결합 형태와 유사성을 가지고 있다. 그 기능 영역 또한 전통적 의미의 스마트폰을 넘어 스마트 홈, 자동차 등으로 확장하고 있음을 확인할 수 있다. 앞서 제시한 알렉사·에코의 진화 과정을 통해 이후 플랫폼으로서 알렉사가 어느 방향으로 발전할 수 있는지 다음과 같이 추론할 수 있다.

- 알렉사를 탑재한 다양한 전문 기기dedicated device가 출현할 수 있다. [그림 0.9]의 에코 쇼, 룩이 대표적이며, 이러한 기기 확장을 통한 수평 통합은 아마존 틀 안에 제한되는 것이 아니라, 다른 기업이 제공하는 보이스 인공지능 서비스가 알렉사를 수용할 수 있음을 의미한다. 알렉사와 에코의 분리는 수평 통합의 출발점으로 평가할 수 있다.

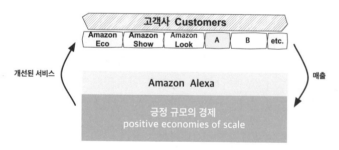

그림 0.9_ 아마존 알렉사와 규모 경제의 순환

- 위에서 설명한 ASK의 공개와 알렉사 펀드는 알렉사가 보다 다양한 기능 영역으로 확장하는 의도를 가지고 있음을 말한다. 이와 대조적으로 2017년 7월 중국의 알리바바가 공개한 보이스 인공지능 서비스 티몰 지니Tmall Genie X1[36]는 그 이름 자체에서 이미 보이스 인공지능 서비스를 상거래 영역에 제한하고 있다. 티몰 지니라는 이름은, 알리바바가 제공하는 전자상거래 쇼핑몰 티몰Tmall의 이름을 딴 것으로 쇼핑 기능 이상의 확장성을 고려하지 않은 이름이다. 만약 상거래뿐 아니라 공공요금 결제, 예약, 지불 등 다양한 서비스 영역을 포괄하고 있는 메신저 기반 서비스인 위챗WeChat의 텐센트Tencent가 보이스 인공지능 서비스를 제공한다면 이러한 제한은 치명적 한계로 작동할 수 있다. 스마트폰의 앱 생태계처럼 보이스 인공지능은 보다 포괄적이고 일반적인 서비스 영역을 확보할 때 플랫폼 지배력을 확보할 가능성이 높기 때문이다.

- 아마존의 보이스 인공지능 서비스는 쇼핑, 예약, 주문 등의 기능을 제공하면서 아마존이 가지고 있는 다양한 서비스로 수직 통합을 시도한다. 한국에 등장하고 있는 보이스 인공지능 서비스가 음악 서비스를 제공하는 모습 또한 수직 통합으로 분류할 수 있다. 그러나 알렉사가 에코라는 특정의 스피커로부터 독립하면서, 보이스 인공지능은 자동차 또는 파이어 TV 등 생활 곳곳으로 스며들 수 있다. 이때 비로소 이용

자가 머무르는 곳 어디든 보이스 인공지능 서비스가 존재할 수 있다. 또한 보이스 인공지능 서비스가 플랫폼으로 발전할 수 있는 전제 조건은 수직 통합이 아닌 SDK 공개에 기초한 수평 통합이다. 여기서 뜨겁게 가열되고 있는 보이스 인공지능 서비스 경쟁 구도의 방향을 가늠할 수 있다.

보이스 인공지능 플랫폼 전쟁

2007년 스마트폰의 등장은 단기간에 인터넷의 이용 방식을 변화시켰고, 미디어, 금융, 상거래, 자동차 등 다양한 산업 영역을 휩쓸고 있는 거센 폭풍의 진원지로 기능했다. 그 과정에서 애플과 구글은 스마트폰 생태계의 성장 방향을 결정할 수 있는 강력한 플랫폼 지배력을 확보했다. 이제는 아마존 알렉사를 필두로 구글 어시스턴트Assistant, 애플 시리Siri, 마이크로소프트 코타나, 삼성 빅스비Bixby뿐만 아니라 네이버 라인의 클로바Clover, 카카오 아이i, 그리고 SK텔레콤 누구NUGU, KT의 기가지니GIGA Ginie 등이 보이스 플랫폼의 성공적 구축을 위해 뛰고 있다. 누가 승리할 것인가? 어떤 보이스 인공지능 서비스가 승자 독식 현상을 다시 한 번 입증하며 플랫폼 지배력을 확보할 것인가? 수직 통합뿐 아니라 수평 통합을 가능케 하며 그 지평을 무한대로 확장시킬 수 있는 보이스 인공지능 서비스만이 'The Voice First

World'의 주인이 될 것이다. 플랫폼 전쟁은 스마트폰 생태계를 넘어 TV, 자동차 등 생활 곳곳으로 확대될 것이다. 또한 약 200년 전의 워털루 전투는 동일한 모습으로 반복되지 않을 것이다. 치열한 전투를 승리로 이끌 새로운 플랫폼 강자의 출현이 얼마 남지 않았다.

1

Welcome to the Voice First World

"매끄러운 인터페이스를 만드는 모든 노력들은,

우리가 인식할 수 없는 새로운 세계를

창조할 잠재력을 지니고 있다."

– 월트 모스버그

보이스,
컴퓨터를 삼키다

알렉사, 하늘은 왜 파랗지?

"알렉사, 하늘은 왜 파랗지?"

어린 아들이 식탁 위에 있는 조그만 스피커를 향해 묻는다. 이 스피커는 가족들이 함께 모인 식사 시간에 없어서는 안 되는 존재로, 어린 아들의 모든 질문에 답변해주는 똑똑한 백과사전이기도 하다. 가족들은 꼬마의 질문에 아빠가 먼저 대답하는지, 스피커가 빨리 대답하는지 게임을 하기도 한다.

인공지능 음성비서 알렉사는 냉장고 관리에도 무척 유용하다. 필요한데 떨어졌거나 꼭 사야 할 것이 생각나면 쇼핑 리스트에 추가해 달라고 큰 소리로 말하기만 하면 된다. 이제는 메모지와 펜을 찾거나 스마트폰을 켤 필요도 없다. 식구들은 요리를 할 때면 알렉사에게 레시피를 묻고, 타이머를 맞추어 달라고 요청하기도 한다.

이것은 미국에 사는 브라이언 씨네 가족의 모습이다. 브라이언 씨는 2년간 45권의 책을 읽었다. 매일 아침 30분 가량 외출을 준비하는 동안 음성비서를 통해 읽은 책의 숫자다.[37] 브라이언 씨는 면도를 하거나 빗질을 하면서, 그리고 옷을 챙겨 입으면서 책을 읽고, 웹 서핑을 하고, 트위터에 트윗을 올리곤 했다. 알렉사 덕분에 브라이언 씨에게는 이전에는 활용할 수 없던 시간이 생겼다. 그는 사람의 목소리는 기계와 대화하는 가장 강력한 인터페이스가 될 것이라고 말한다.[38]

알렉사 모먼트Alexa Moment라는 10초 바이럴 광고에 나오는 장면들은 목소리가 얼마나 기계를 제어하는 자연스러운 수단이 될 수 있는지 보여준다. 강아지의 생일을 축하해주던 여자가 케이크에 촛불을 켜며 말한다. "알렉사, 조명 어둡게 해 줘." 그러자 바로 조명이 어두워지며 분위기가 근사해진다. "알렉사, 생일 축하 노래 틀어줘"라고 하자 파란 불을 깜빡이는 에코 스피커에서 'Happy birthday' 노래가 흘러나온다.[39]

2014년 미국 IT기업 아마존에서 출시한 보이스 인공지능 서비스 알렉사는 '에코'라는 실린더 모양의 작은 스피커 형태로 등장했다. 에코는 알렉사를 탑재한 첫 번째 장치에 불과했다. 알렉사는 2017년 국제가전제품박람회CES에서 압도적인 존재감으로 그 모습을 드러내며 히트작이 되었는데, 정작 그 박람회에 알렉사의 부스는 없었다. 알렉사는 냉장고와 TV, 조명을 비롯한 각종 가전 제품들 속에 있었고, 박람회장은 여기저기 "알렉사!"를 부르는 소리로 가득했다. LG전자는 알렉사를 탑재한 로봇 '허브'를 선보였는데, 이 장치는 이름 그대로 집안 모든 가전

제품의 허브를 겨냥하고 있었다. 이용자의 목소리로 작동하는 허브가 있으면 리모컨은 필요 없다. 에어컨을 켜라는 말에 에어컨을 켠다. 요리법을 물어보면 이미지와 함께 음성으로 차근차근 알려준다. 아이들 잠자리에서 음악을 들려주는 건 기본이고 동화를 들려주기도 한다. LG전자의 스마트 냉장고는 알렉사와 연동되어 날씨와 뉴스를 알려주는 것은 물론 온라인 쇼핑도 가능하다. 모든 것은 음성으로 작동되고 음성으로 알려준다. 삼성전자는 로봇청소기(VR7000)에 알렉사를 탑재했다. CES 2017에서 혁신상을 받은 이 로봇청소기는 청소 시작과 종료, 예약까지 모든 것이 음성으로 작동된다. 제너럴일렉트릭GE의 '더 씨The C'는 알렉사를 탑재한 스마트 조명이다. 침대에 누워 "불을 꺼"라는 명령만으로 편안한 잠자리에 들 수 있다. CES 2017 당시 알렉사는 완벽한 쇼 스틸러show stealer로서 브랜드 광고 기획자, 테크니션, 디자이너들이 음성 제어를 그 해의 가장 중요한 변화로 인식하게 만들었다.[40]

알렉사는 사람들이 기계를 사용하는 환경에 변화를 가져오고 있다. 우리 주변의 현실 세계에 존재하는 사물을 작동시키고, 사물과 대화하며, 주문을 처리한다. 말 한 마디로 청소기를 작동시키고, 전기차 배터리를 체크해주며, 거실 어딘가에 굴러다니지만 막상 필요할 때 찾을 수 없는, 나의 스마트폰에 전화를 걸어 찾아주기도 한다. 말로 조명과 온도 장치를 켜고 끄는 것은 변화의 시작일 뿐이다.

2016년 모멘텀

구글 검색창에 작은 마이크 모양의 아이콘이 달린 이후, 음성 검색을 이용하는 비중은 2013년부터 가파르게 증가하기 시작했다([그림 1.1]). 에코와 구글 홈으로 대표되는 보이스 인공지능 기기는 2015년까지 170만 대가 공급되었으며, 2016년 출하량은 650만 대에 이른다. 아마존 에코는 2016년까지 700만 개 넘게 보급되었다. 보이스랩스VoiceLabs의 보고서에 따르면 2017년에 2,450만 대의 기기가 출하되면서 보이스 인터페이스로 작동하는 기기의 누적 대수가 3,300만 대 규모로 증가할 것이라고 예측한다([그림 1.2]).[41] 미국의 정보기술 연구회사인 가트너Gartner는 이러한 '보이스 퍼스트Voice First' 인터페이스의 부상을 2017년 10대 전략 기술 트렌드의 하나로 선정하고, 2017년 말까지 천만 가구 이상이 스크린 없는 기기를 사용할 것으로 예측했다.[42]

그런데 이 중 눈에 띄는 현상은, 알렉사의 API Application Programming Interface 공개로 인해 새로운 생태계가 만들어지고 있다는 점이다. 2008년 애플이 아이폰의 API를 공개했을 때, 스티브 잡스는 기껏해야 몇 백 개의 앱이 만들어질 것으로 예상했다.[44] 그런데 오늘날 앱스토어에는 200만 개 이상의 앱이 존재한다. 이것을 서드 파티 앱이라고 하는데, 이것이 없었다면 아이폰은 그저 캘린더를 확인하고 메모를 정리하며 사진을 찍는 기기에 그쳤을 것이다. 오픈 API가 아이폰을 수백만 개의 기능을 가진

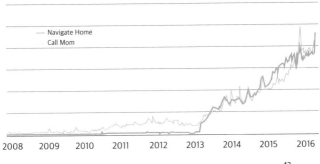

그림 1.1_ 구글 음성 검색량의 증가, KPCB/Mary Meeker 보고서[43]

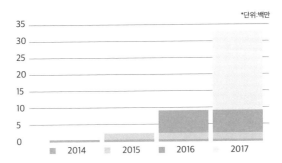

그림 1.2_ 보이스 인공지능 기기의 증가 추세(단위: 백만), 보이스랩스(VoiceLabs) 제공

눈부신 기기로 탈바꿈시킨 것이다.

알렉사의 가장 돋보이는 점은 번역, 택시 예약, 도미노 피자 주문, TV 제어 등 수천 가지 기술의 끊임없는 추가가 가능하다는 것이다. 이는 알렉사의 오픈 API인 알렉사 스킬스 킷 덕분이다. 개발자들은 알렉사를 자유롭게 활용하여 원하는 기능(스킬)을 추가할 수 있다. 만약 알렉사가 그저 날씨를 알려주고 집 안

1
Welcome to the Voice First World

의 조명을 껐다 켰다 하는 도구에 그쳤다면, 사람들의 삶을 바꾸는 변화는 일어날 수 없었을 것이다. 그러나 업무, 거래, 주문, 소셜 네트워크, 교육과 엔터테인먼트에 이르기까지 다양한 서드 파티 스킬이 추가됨으로써 알렉사는 생명력을 가진 플랫폼으로 진화하고 있다.

특히 2016년에는 알렉사의 스킬이 130여 개에서 6,068개로 비약적으로 증가하였고,[45] 49.99달러 짜리 에코 닷이 출시되면서 음성비서 스피커의 구매 장벽 또한 대폭 낮아졌다.

〈보이스봇Voicebot.ai〉의 필자 브렛 킨셀라Bret Kinsella는 이 해를 보이스 패러다임의 모멘텀이라 부르며, 월드 와이드 웹World Wide Web의 탄생 당시와 비견될 만하다고 평가한다. 월드 와이드 웹은 빠른 콘텐츠의 성장, 저렴해진 하드웨어, 그리고 무료 브라우저, 글로벌한 접근과 함께 폭발적인 생태계가 되었다. 그 후 유사한 패러다임의 변화를 가져왔던 것은 아이폰과 안드로이드의 앱 생태계가 등장했을 때뿐이었다. 2017년 현재 알렉사 스킬은 15,000개로 증가했고(빠른 콘텐츠의 성장), 하드웨어는 저렴해졌으며(에코 닷), 다양한 개발자들과 가전 업체들이 알렉사 스킬스 킷(무료 브라우저)을 사용하기 시작했다. 따라서 글로벌한 접근 조건만 갖춰진다면, 보이스 인터페이스의 폭발적 증가를 통해 또 한 번의 새로운 생태계가 출현하게 될 것이라고 예측할 수 있다.[46]

보이스 컴퓨팅

"보이스 인공지능 비서로 무엇을 할 수 있는가?"라는 물음은 "컴퓨터로 무엇을 할 수 있는가?"라는 질문과 비슷하다. 날씨 알려주기와 타이머 맞추기와 같은 기능은 시작일 뿐이다. 보이스 인터페이스 관련 칼럼니스트들의 분석에 의하면 보이스 인터페이스의 궁극적인 도달 지점은 보이스 컴퓨팅Voice Computing이다.[47] 프로그램을 열고, 워드를 치고 파워포인트를 작성하고, 거래를 수행하는 그 이상의 생산적 활동들을 목소리로 처리함으로써 스크린과 키보드, 데스크탑이라는 '입력 장치'를 불필요하게 만드는 지점이다. 이는 우리가 스마트폰과 컴퓨터로 해 왔던 그 모든 프로그램을 목소리로 다룰 수 있게 된다는 것을 의미한다. 만약 우리가 보이스 컴퓨팅을 하게 된다면, 간단한 말로도 충분한 작업들을 위해 좁은 스크린을 얼마나 많이 터치해왔었는지 실감하게 될 것이다.

보이스로 할 수 있는 일들을 크게 여섯 가지 영역으로 구분하면 다음과 같다.

첫 번째 영역은 기본 기능으로서 다른 어떤 인터페이스보다 보이스의 활용도가 높은 영역이다. 바로 시간 묻기, 쇼핑 리스트 적기, 메시지 보내고 받기, 날씨 묻기, 길 찾기, 타이머 맞추기, 스케줄 예약하기, 인터넷 검색 그리고 음악 듣기이다. 이 '기본 기능'은 모든 기업이 보이스 인공지능 서비스를 출시할 때

이미 갖추어 출시하는 기능으로, 이에 대해서는 대부분 기업의 출시 제품이 동일한 편의성을 보인다.

두 번째 영역은 사물을 제어하는 기능이다. 자동차, 냉장고, 보안 장치, 조명, 스마트 플러그, TV, 로봇 인형에 이르기까지 다양한 사물을 작동시키고, 상태를 체크할 수 있다. 특히 알렉사와 같은 보이스 인공지능 서비스가 공개한 키트를 모든 가전 업체가 자유롭게 사용할 수 있으므로 이 분야는 빠른 속도로 확장이 이루어질 것이라 예측할 수 있다.

세 번째 영역은 쇼핑과 주문, 이체와 결제 등 거래와 관련한 기능이다. 세탁을 하려는데 세제가 모자란 것을 발견하거나 냉장고 안의 케첩이 바닥나고 있다는 걸 알아차렸을 때, 즉시 주문할 수 있다는 것은 편리한 일이다. 아마존 알렉사는 단연 이 영역에서 탁월한 서비스를 자랑한다. 구글은 이 기능을 위해 생필품 주문을 해결할 수 있는 구글 익스프레스Google Express를 운영하고 있다. 결정적으로 이 분야의 핵심은 결제와 인증 기능으로, 보이스 인터페이스의 확산에 있어서 가장 어려운 도전 과제이기도 하다.

네 번째 영역은 콘텐츠 소비의 영역이다. 보이스 인공지능 이용자들이 가장 사랑하는 기능이기도 하다. 단순한 음악 듣기뿐만 아니라 뉴스의 소비, 책 읽기는 물론이고 레시피나 명상, 요가, 스트레칭 디렉션과 같은 특정 스킬들이 활발히 생기고 있다. 특히 알렉사 스킬들 중 '제퍼디!Jeopardy!'와 같은 퀴즈 게임,

'더 매직 도어The Magic Door'와 같은 스토리 선택형 게임들은 인기가 많다.

다섯 번째 영역은 생산적 작업의 영역이다. 글을 작성하거나 편집하고, 비즈니스 업무를 처리할 수 있는 영역이다. 아직 가정에서 홈 엔터테인먼트의 도구 정도로 쓰이는 보이스 인공지능 비서가 사무실이나 학교, 기업 등 사회의 모든 부분으로 확대될 수 있는지의 여부는, 이 영역에서 과연 유용한 도구로 진화할 수 있는가에 달렸다. 이 분야는 마이크로소프트가 자신들의 음성비서 코타나를 비즈니스 업무에 특화시키려는 포부를 밝히면서 가능성이 열렸다. 현재 MS 직원들은 코타나에 쓰인 음성인식 기술을 사용하여 워드, 파워포인트, 이메일(아웃룩)을 작성하는 딕테잇Dictate이라는 프로젝트를 실험하고 있다.[48]

여섯 번째 영역은 소셜 네트워크, 커뮤니케이션의 기능이다. 음성은 사람들과의 커뮤니케이션으로 결합할 때 강점을 갖는다. 지금은 전화를 걸라는 명령을 하거나, 걸어 다니면서 음성으로 문자메시지를 보낼 수 있다는 것만으로도 사람들은 만족하지만, 이것이 구글 행아웃Hangout(다자간 화상 대화 프로그램)이나 SNS처럼 다자 커뮤니케이션으로 확대될 수 있을지는 아직은 미지수다. 현재 완벽하진 않지만 음성으로 페이스북과 트위터에 글을 쓰거나 이메일을 읽어주는 기능들은 존재한다. 그리고 음성이 비디오와 결합한 에코 쇼를 통해 소셜 네트워크가 확대될 수 있다고 보는 시각도 존재한다.[49, 50]

기본 기능, 사물 제어, 쇼핑과 거래의 일부분, 그리고 콘텐츠 소비, 이 네 가지 영역이 현재 존재하는 음성비서들이 유용하게 활용되는 지점이다. 다만 나머지 두 영역은 아직 크게 개척되지 못한 영역이다. 개인용 컴퓨터도 인터넷에 연결되고 나서야 사람들의 삶을 지배하기 시작했다. 모바일이 확산되는 데에는 SNS와 메신저가 큰 역할을 했다. 보이스의 초기 확산에는 유희적 기능들이 큰 역할을 하고 있지만, 보이스 컴퓨팅이 사람들의 삶과 진정으로 함께하기 위해서는, 이 두 영역—생산적 컴퓨팅과 소셜 네트워크—을 빠르게 개척할 필요가 있다.

컴퓨터가 작아지고 모바일 세상이 오자 사람들은 사무실로부터 자유로워졌다. 언제 어디서건 이메일을 확인하고 쇼핑과 계좌 이체를 하며, 문서를 확인하고, 카페에서 자유로이 업무를 볼 수 있게 되었다. 이는 더 이상 '컴퓨터를 쓰기 위해 사무실에 갈' 필요가 없어졌음을 의미한다. 그렇게 모바일 컴퓨팅이 사람들을 공간적 제약으로부터 해방시켰다면, 보이스 컴퓨팅은 우리를 화면의 제약으로부터 해방시킨다.

우리가 소설과 영화에서 봐왔던 미래의 다양한 모습들 중 다수는 이미 구현되었거나 구현되고 있다. 가장 최근에 봤던, 가장 미래의 모습을 다룬 SF영화에 등장했던 유저 인터페이스가 어떤 것이었는지 떠올려 보자. 소리로 명령하여 주변 환경을 움직이는 마법은 이제 더 이상 마법이 아니다.

보이스 퍼스트 패러다임은 단순히 입력장치의 대체만을 의미하지 않는다. 이는 우리가 운동을 하거나 운전을 하며 이동하는 동안에, 집중도 높지 않은 시각 정보를 받아들이는 한편 음성을 통해 콘텐츠를 생산, 소비할 수 있다는 의미이다.

지금껏 사람들은 기계와 대화하기 위해 복잡한 인터페이스 (소통 도구)를 필요로 했다. 키보드, 마우스, 그리고 전원 버튼을 눌러 화면을 열고 앱 버튼을 터치하기까지. 그러나 목소리는 이 모든 복잡한 단계를 제거하고 있다. 우리가 기계와 대화하기 위해 사용하는 컴퓨터라고 부르는 장치들은 눈에 보이지 않는 곳으로 숨어버릴 것이다. 사람이 가장 편하게 사용하는 도구 중 하나, 목소리로 기계와 대화하는 시대가 열리고 있다. 이것을 우리는 '보이스 퍼스트voice first' 패러다임이라고 부른다.

스킬은
어떻게 작동할까?

알렉사의 스킬skill은 안드로이드와 iOS의 앱application에 해당하는 개념이다.
아마존은 개발자들이 알렉사를 다양하게 응용할 수 있도록 알렉사 스킬스
킷Alexa skills kit을 배포했다. 초창기 알렉사는 쇼핑에 최적화된 매우 단순한 기
능을 갖고 출시되었으나, 개발자들이 자유롭게 서드 파티 앱을 만들게 되면
서 번역, 퀴즈 게임, 교육, 뉴스 브리핑, 음악 추천, 그리고 가전제품 제어 기
능까지 갖춘 AI로 진화하고 있다. 알렉사에서 스킬을 이용하는 과정은 다음
과 같다.

잃어버린 물건을 찾아주는 트래커TrackR라는 스킬을 예로 들어 보자. "알렉사,
트래커에게 내 폰을 찾아달라고 말해줘Alexa, ask TrackR to find my phone"라고 하면
알렉사는 트래커를 실행하여 스마트폰을 찾는 명령을 전달한다. 그러면 트
래커가 핸드폰에 신호를 전달해 울려준다. 다른 한편, 알렉사에는 번역 기능
이 존재하지 않는다. 그러나 트랜슬레이티드Translated라는 스킬을 통해 번역
을 할 수 있다. "알렉사, '트랜슬레이티드'에게 고양이를 한국어로 뭐라고 하
는지 물어봐 줘Alexa, ask TRANSLATED how do you say cat in Korean"라고 하면 알렉사
는 트랜슬레이티드라는 이름을 가진 스킬을 실행시켜 번역한 내용을 알려준
다. 즉, 스킬 호출 명령어를 들은 알렉사가 실행할 내용을 스킬에 전달하고,
스킬이 수행한 결과를 알렉사에 전달하면 알렉사가 스킬의 답변을 출력하는
방식이다.

이 과정은 여러분이 알렉사라는 비서실장과 그 비서실장 수하에 각각의 일을 수행하는 전문 비서를 두고 있다고 상상하면 쉽게 이해할 수 있다. 번역이 필요하면 비서실장으로 하여금 번역을 전문으로 하는 비서에게 일을 지시하고, 교육 콘텐츠가 필요하면 교육 콘텐츠를 다루는 전문 비서를 불러 일을 지시하는 셈이다. 이 서드 파티 스킬 덕분에 알렉사로 트윗을 읽거나 에버노트Evernote와 원노트Onenote에 글을 쓸 수도 있다. 이러한 스킬들은 이미 존재하는 앱들을 보이스 인터페이스로 사용할 수 있도록 개선한 경우이다.

그림 1.3_ 알렉사 스킬의 작업 흐름(그림: 박성미)

알렉사의 스킬들은 어떠한 것들이 있을까?

2017년 기준으로 알렉사의 스킬은 총 1만5천여 개가 넘는다. 스킬에는 어떠한 종류들이 있을까? [그림 1.4][51]를 보면 뉴스 브리핑을 전하는 스킬이 많고, 그 다음이 게임과 엔터테인먼트, 그리고 교육이나 레퍼런스(요리, 칵테일 레시피 등) 등 콘텐츠 소비를 위한 스킬이 상당수 차지한다는 것을 알 수 있다. 사람들에게 널리 알려진 홈 오토메이션(조명이나 가전제품 제어)을 위한 스킬은 극히 일부분만 차지하고 있음을 확인할 수 있다.

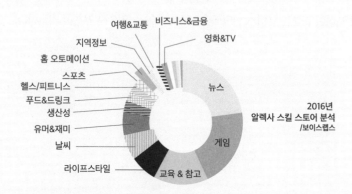

그림 1.4_ 알렉사 스킬 스토어에 존재하는 다양한 스킬의 종류(보이스랩스 제공)

흥미로운 스킬들

제퍼디!Jeopardy! : 미국의 유명 퀴즈 쇼를 알렉사로 즐길 수 있도록 만든 스킬. "알렉사, 콜 제퍼디!" 라고 호출하면 알렉사가 퀴즈를 내주고 이용자들의 답을 확인해준다. 이 스킬은 가족이나 친구끼리 같이 즐기는 게임으로 유명하다.

더 매직 도어 The Magic Door : 스토리를 따라가면서 선택하는 길에 따라 서로 다른 결과를 이야기해주는 게임

더 바텐더 The Bartender : 다양한 칵테일 칵테일 주조 방법을 알려주는 스킬

캠벨스 키친 Campbell's Kitchen : 다양한 레시피를 알려주는 요리 스킬

오토매틱Automatic : 차량 상태를 체크해주는 스킬. 차량과 동기화하여 쓸 수 있다. 어제 몇 킬로미터를 달렸는지, 연료가 얼마나 남았는지 체크할 수 있다.

1-800 플라워1-800 Flowers : 목소리로 꽃 배달을 주문할 수 있는 스킬. 원하는 스타일의 조합을 선택하여 사랑하는 사람에게 꽃을 배달할 수 있다.

트래커TrackR : 사물인터넷 기능을 갖춘 스킬로, 스마트폰 앱과 연동하여 작동 한다. 스마트폰을 찾아주는 기능은 물론, 트래커라는 작은 칩을 리모콘, 차 열쇠 등 잃어버리기 쉬운 물건에 부착해 두면 알렉사로 호출하여 찾을 수 있다.

마이포켓My Pocket : 인터넷 아티클을 저장하는 포켓 앱의 비공식 스킬로, 가장 최근 저장한 아티클 중 원하는 것을 읽어 준다.

펀렉사Funlexa : 직접 질문과 답변을 입력하는 스킬이다. 예컨대 친구들의 이 름을 미리 입력해 두고 알렉사에게 "이 방에서 가장 아름다운 사람은 누구 지?"라고 물으면 친구의 이름을 대답하게 할 수 있으며, 입력해 둔 친구의 이름을 대고 "제니퍼가 가장 좋아하는 것은 무엇이지?"라고 물으면, 미리 입 력해 둔 재미있는 대답을 들려준다.

보이스 전쟁에 뛰어든
키 플레이어들

시리, 왕좌를 내어주다

2016년, 아마존 알렉사의 첫 번째 라이벌이 등장했다. 구글이 대화형 인공지능 '구글 어시스턴트Google Assistant'를 탑재한 '구글 홈'을 출시하며 강력한 검색 기능을 선보였다. 뒤이어 애플도 시리를 애플 '홈팟Homepod'에 담아 출시하겠다고 밝혔다. 삼성은 갤럭시 핸드폰에 '빅스비'를 탑재하여 음성비서로 소개했고, 마이크로소프트 또한 PC의 작업을 돕는 코타나를 윈도우 10과 함께 소개했다. 페이스북은 'M'을 메신저 플랫폼에 등장시켰다. 이와 더불어 〈블룸버그〉 보도[52]에 따르면 페이스북은 노트북 크기의 비디오챗 기기를 개발 중이라고 한다. 이에 질세라 중국에서 가장 큰 상거래 기업 알리바바가 '티몰 지니'를 출시했다.

한편, 한국에서는 인공지능 비서 시장에 두 메이저 통신사와 포털 기업들이 뛰어들었다. SK텔레콤 스피커 '누구', KT 스피커 '기가지니', 네이버 '웨이브'에 탑재될 '클로바', 그리고 '카카오 미니Kakao mini'에 탑재될 카카오의 '아이'가 대표적이다.

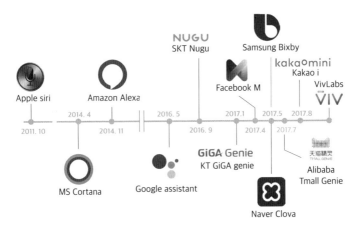

그림 1.5_ 보이스 인공지능 서비스들

아마존이 인공지능 비서를 '스피커'에 담아 출시했을 때 아무도 이것이 생태계를 바꿀 것이라고 생각하지 않았다. 애플도 구글도 이 스피커를 경쟁자로 생각하지 않았다. 이것은 단지 투박하고 단순한 디자인의 스피커였고, 화려한 볼거리도 없었으며 가지고 다닐 수도 없는 것이었기 때문이다.

게다가 인공지능 음성비서는 누구나 알듯 새로운 개념은 아니다. 그런데 알렉사보다 다섯 살이나 많은 애플의 시리는 어째서 지금까지 주요 인터페이스로 자리잡지 못했을까? 시리는 하드웨어와 OS를 갖고 있었고, 충성도 높은 아이폰 유저를 갖고 있었다. 하지만 보이스 패러다임의 선점에 몇 년 늦게 출현한 알렉사에게 뒤처지고 말았다. 여기에는 몇 가지 흥미로운 사실들이 있다.

첫째, 애플이 보이스 인터페이스의 장점을 적극적으로 사용하지 못했다는 점이다. 애플은 시리를 스마트폰을 '더 잘' 활용하는 용도로 제공했지만 아마존은 사람들이 스마트폰 자체를 쓰지 않아도 되게 만들어 버렸다. 예컨대 초창기 애플의 시리를 사용하기 위해 이용자는 물리적 전원 버튼을 누르고 화면을 쳐다보며 기다려야 했다. 시리에게 식당을 검색해달라고 부탁하면 시리는 검색 결과를 화면에 나타내주었다. 즉 화면을 사용하는 '보조 수단'으로서의 역할이 초창기 시리에게 부여된 역할이었다. 애플이 간과한 것은, 이용자들이 이미 디바이스를 손에 쥔 뒤라면 음성 명령을 잘 쓰지 않는다는 것이었다. 이미 오랜 습관이 굳어진 사람들에게는, 화면을 보는 동안은 터치를 통해 글을 쓰는 것이 편리하다. 이미 손에 스마트폰이 쥐어져 있는데 왜 굳이 목소리를 쓰겠는가?

반면 아마존은 음성비서의 뛰어난 점이 '편재성ubiquity'[53]이라는 사실을 간파했다. 목소리로 명령을 전달한다는 것은 굳이 좁은 스크린을 찾아 가거나 손에 쥐고 있을 필요가 없다는 것을 의미한다. 이를 위해서는 공간 전체에 컴퓨터가 존재해야만 했다. 이를 가능하도록 만든 것이 360도로 배열된 일곱 개의 마이크를 탑재한 원통형 스피커이다. 손을 대지 않고 목소리로 기계를 깨우는 인터페이스 기술은 이전에 없던 새로운 컴퓨팅을 가능하게 했다.

에코에 담긴 알렉사는 화면을 제거해버림으로써, 목소리만으로 사람이 원하는 결과를 끝까지 얻어내도록 만들었다. 알렉사는 검색 결과를 읽어주고, 메시지를 읽어주며 목소리만으로 캘린더에 스케줄을 기록해 준다. 이것은 사람들이 눈이 피곤하도록 보아 왔던 좁은 '스크린'으로부터의 해방이다.

둘째는 시리가 과도한 기대와 함께 등장했다는 점이다. 애플은 시리를 무엇이든 대답해줄 것 같은 친근한 비서로 소개했지만, 사람들은 다양한 대화를 시도하는 과정에서 실망할 수밖에 없었다. 반면 아마존은 2014년, 알렉사가 탑재된 에코를 출시하면서, 몇 가지 간단한 명령을 수행할 수 있는 '스마트 스피커'라고 소개함으로써 사람들의 지나친 기대감으로부터 비껴갈 수 있었다. 그러면서도 보이스 인터페이스가 가지는 여러 가지 편의성을 조금씩 느끼게 해주었다.[54] 처음부터 큰 기대를 걸지 않았던 사람들에게 알렉사는 쇼핑, 음악 찾기 등 몇몇 특정 기능에 있어 비교적 정확하고 뛰어난 수행 능력을 보임으로써 사람들의 호응을 얻었고, 이것은 판매량 증가로 이어졌다.

셋째는 앞서 이야기했듯 알렉사가 서드 파티 개발을 독려했다는 점이다. 초창기의 시리는 폐쇄적인 생태계로 인해 기능을 확장하는 데 한계가 있었다. 하지만 알렉사는 수많은 개발자들이 자유롭게 알렉사의 API를 활용하여 스킬을 추가할 수 있었고, 사람들은 다양한 기능을 이용할 수 있는 알렉사에 끌렸다. 애플이 앱 생태계를 만들면서 얻은 교훈을 아마존이 자신의 것으로 만들고 있다는 점이 흥미롭다.

쇼핑에 압도적인 알렉사, 대화의 맥락을 이해하는 구글 홈

애플의 시리가 정체기를 겪는 동안, 구글은 구글 나우Google Now 등 음성 검색에 사용하던 자연어 처리와 봇bot 기술을 발전시켜 구글 홈을 출시했다. 구글 홈에 탑재된 구글 어시스턴트는 알렉사가 갖지 못한 강력한 검색 기능과 맥락 이해, 목소리 구분 등으로 알렉사와 차별화된 서비스를 선보였다. 구글 어시스턴트는 자회사인 네스트Nest를 통해 모바일 사물인터넷 플랫폼과 차량용 OS인 안드로이드 오토Android Auto를 겨냥하고 있으며, 각종 콘텐츠를 스트리밍으로 추천받을 수 있는 크롬캐스터 Chrom Caster를 갖고 있다는 장점이 있다. 구글은 이렇게 이미 짜인 플랫폼을 구글 어시스턴트로 통합하려 한다. 알렉사의 쇼핑 기능 역시 놓칠 수 없었던 구글은 월마트, 코스트코Costco, 스테이플스Staples 등과 파트너십을 맺고 당일 배송 서비스인 '구글 익스프레스'를 운영하여 목소리로 생필품을 주문할 수 있도록 하고 있다.

아마존의 다양한 제품을 편리하게 주문할 수 있다는 점에서 알렉사의 쇼핑 기능은 압도적이다. 게다가 우버Uber, 도미노Domino, 캐피탈 원Capital One 같은 서드 파티 업체들이 참여하면서 실생활에 필요한 서비스를 제공하는 데 뛰어난 음성비서로서의 지위를 자리매김하고 있다. 반면에 알렉사의 몇몇 기능은 아직 제한적이다. 번역이나 검색 기능이 뒤떨어지며, 개개인의 목소리를 구별하지 못한다. TV에서 흘러나온 "알렉사, 인형의 집을 주문해 줘"라는 음성에 반응해 방송을 시청하던 여러 가정에서 알렉사가 실제 인형의 집을 주문할 뻔했다는 뉴스[55]는, 목소리를 구별하지 못하는 알렉사의 치명적 단점을 보여주었다. 현재 알렉사 팀은 목소리를 구분하는 서비스를 개발 중인 것으로 알려져 있다.[56] 하지만 구글은 이미 여섯 개의 목소리 ID를 등록하여 개별적으로 이용할 수 있도록 하는 등, 알렉사의 부족한 점을 탁월하게 보완한 서비스를 선보임으로써 보이스 인공지능 시장의 일부분을 당당하게 차지했다.

구글 어시스턴트에 대해 이용자들이 높게 평가하는 장점 중 하나가 '맥락의 이해'이다. 2017년 8월 현재 알렉사와는 연속적인 대화가 어렵지만, 구글 어시스턴트와는 연속적인 대화가 가능하다. 예를 들어 "영화 〈클로저Closer〉의 삽입곡 'The blower's daughter'를 부른 가수가 누구지?"라고 물으면 "데미안 라이스Demian Rice"라고 대답한다. 다시 "'그'의 히트곡들에는 뭐가 있지?"라고 물으면 구글은 데미안 라이스의 히트곡들을 알려준다. 즉, 구글은 '그'와 '그녀'를 기억해 두었다가 맥락에 맞는 대답을 내놓는다. 이처럼 '기억하는 인공지능'에 있어서는 후발 주자인 구글 어시스턴트가 알렉사를 앞서고 있다.

모든 보이스 인공지능 서비스들은 자신을 낳은 테크 기업의 정체성을 닮았다. 아마존 알렉사는 쇼핑이 편리하고, 구글 홈은 검색에 있어 뛰어난 성과를 자랑한다. 마이크로소프트는 코타나를 업무 및 비즈니스 활동에 최적화할 것으로 보인다.[57] 한국이라면 검색 및 번역, 지역 정보 안내에는 네이버의 인공지능 서비스가, 메신저 이용이나 택시 호출에는 카카오의 인공지능이 가장 유리한 인터페이스를 제공할 것이라는 예상은 어렵지 않다. 그리고 삼성의 빅스비가 타 인공지능 서비스와는 달리 스마트폰이라는 기계를 제어하는 데 있어 몇 가지 연속된 명령을 처리하는 등 하드웨어 제어에 매우 특화되어 있는 점도 흥미롭다. 이 역시 오랫동안 하드웨어를 만들어 온 삼성의 정체성과 무관하지 않다.

그렇다고 각 기업의 AI가 자사 서비스만 이용할 수 있도록 만들어진 것은 아니다. 타사 서비스를 호출하여 사용할 수도 있다. 그럼에도 불구하고 역시 자사 서비스를 이용할 때 가장 매끄러운 인터페이스를 제공한다. 알렉사로 아이클라우드 캘린더를 이용할 수 있지만, 삭제할 권한은 없다. 시리로 텔레그램 Telegram을 이용하여 메시지를 보낼 수는 있지만, 아이폰 디폴트 메시지를 이용할 때보다는 불편하다. 구글 어시스턴트나 알렉사 모두 단어를 번역해달라고 요청할 수 있지만, 자체 번역 서비스를 가진 구글은 요청에 바로 답하는 반면, 알렉사는 서드파티 앱을 호출한 뒤 물어보아야만 한다.

2016년 〈비즈니스 인사이더Buisness Insider〉는 보이스 인공지능 서비스를 이동 경로, 이메일 및 문자 전송, 운동 경기 결과, 음악, 날씨, 캘린더, SNS, 번역, 기본 업무 처리, 일반 상식 등 다양한 카테고리로 분류하여 평가했다.[58] 테스트에 의하면, 알렉사는 단순 작업 처리에 뛰어나며 스마트 홈 컨트롤과 같은 틈새 기능에 강한 반면, 검색, 이메일 전송, 캘린더, 이동 경로 등 소프트웨어적인 측면에서는 전반적으로 구글 어시스턴트가 가장 매끄럽게 이용자 요청에 응답하는 것으로 평가되었다. 구글 어시스턴트는 2017년 디바이스 관련 사이트인 T3에서 실행한 평가에서도 높은 점수를 받았다. 이는 구글이 상당히 큰 소프트웨어 생태계-지메일, 구글 맵, 구글 포토, 구글 드라이브 등-와 데이터를 보유하고 있기 때문으로 보인다.[59] 예를 들어 '바르셀로나의 사진'을 보여달라고 요청하면 이용자가 직접 찍어 본인의 구글 포토에 저장해 둔 스페인 도시 사진들과 함께 웹에서 찾은 결과를 동시에 보여준다. "근처 케밥 레스토랑을 찾아줘"와 같은 요청에 따른 위치 찾기 기능이 구글 맵과 잘 연동되어 위치는 물론 경로까지 빠른 속도로 처리하여 보여준다. 지메일에 저장해 둔 항공이나 호텔 예약 정보와 같은 내용도 쉽게 불러올 수 있다. 이처럼 이용자가 구글의 플랫폼 생태계를 많이 이용하고 있다면 구글의 보이스 인공지능 서비스를 상당히 매력 있게 느낄 수 있다.

리드멀티플렉스ReadMultiplex의 설립자이자 편집자 브라이언 로엠밀Brian Roemmele은 쇼핑에는 알렉사, 사람들과의 커뮤니케이션에는 시리, 검색에는 구글 어시스턴트와 같이 여러 보이스 인공지능 서비스를 사용한다고 한다.[60] 참고로 그는 시리가 짧은 문단을 작성하는 데 유용하다며, 트윗을 하거나 글을 작성할 때에도 40퍼센트 이상을 보이스로 작성한다고 했다. "시리, 알렉사, 구글 어떤 것을 선택할 것인가?"라는 물음에 그는 "모두"라고 대답한다. 그런데 여전히 탐색해볼 또 다른 중요한 주자가 있다. 바로 노장 마이크로소프트이다.

맞춤 비서, 코타나

'그녀'는 나를 이해하고 내 일을 척척 처리해준다. 개성도 있고 감정도 있다. 영화 〈그녀Her〉의 인공지능 비서 사만다Samantha의 이야기다. 만약 사만다의 캐릭터로부터 가장 영감을 많이 받은 개발팀이 있다면 마이크로소프트의 코타나 연구진일 것이다. 이들은 코타나가 일반적인 요청에 답하는 것 이상으로 특화된 개인 비서로서 작동하기를 원한다. 시리나 알렉사가 프리 사이즈의 기성복이라면, 코타나는 맞춤 양장이 되길 원하는 셈이다. 동작 초기에 코타나는 좋아하는 것과 취향, 위치, 생활 패턴 등 다양한 정보를 이용자에게 질문하여 수집한다. 물론 마이크로소프트가 나에 대해 무엇을 알고 있는지를 투명하게 공개하

고 이용자가 제어할 수 있게 함으로써 적절히 프라이버시도 보호하고자 한다.[61]

코타나의 독특한 점은 개인에게 특화될 뿐 아니라 해당 지역의 문화적 특수성에 맞게 알맞은 답을 준비하고 있다는 것이다. 예를 들어 코타나는 영국에서는 건조하면서도 풍자적인 유머를 즐길 줄 알고, 이탈리아에서는 자신들의 나라에 높은 자부심을 가지며, 캐나다에서는 하키를 좋아한다. 그리고 일본에서는 매우 공손해야 한다는 것을 알고 있다.[62] 코타나 연구진은 코타나에게 여러 가지 감정을 주고 개성을 부여하려는 시도를 하고 있다. 그들은 자신들의 인공지능이 프로그래밍된 로봇처럼 대답하는 것을 피하기 위해 기쁘거나 슬프거나 뭔가를 원할 때, 각기 다르게 대답하도록 정교한 시나리오를 만들었다.[63] 문화적 특수성이나 개성을 만들기 위해 코타나 연구진이 창의적인 작가들 및 게임 디자이너들과 함께 협업한다는 사실은 인공지능 비서의 개발이 단순히 기술적 영역에 그치지 않는다는 것을 암시한다.

코타나는 윈도우10의 바탕화면에서 늘 볼 수 있고, 안드로이드의 잠금 화면과 iOS앱뿐 아니라 엑스박스 원Xbox One과 같은 플랫폼에서도 구동된다.[64] 코타나는 인공지능 비서를 크로스-플랫폼cross-platform 방식으로 매끄럽게 구현하고 있다. 사무실의 윈도우에 집에 가서 할 일을 입력해 두면 집에서 스마트폰으로 알림을 받을 수 있다. 스마트폰으로 '8시에 강아지 산책시키기'를 입력해두면, 코타나는 엑스박스에서 보던 영화의 재생을 멈추고 강아지를 데리고 나갈 시간을 알려준다. 특히 해야 할 일to-do list을 관리하는 것이 타사의 인공지능 서비스보다 훨씬 뛰어나다는 평가를 받고 있다.[65] 시간, 이미지뿐 아니라 위치 기반으로 리마인더reminder를 추가할 수 있기 때문이다. 예컨대 "홍대에 갈 때 화방에 들리도록 알려 줘"라고 추가해두면, 당신이 홍대 근처에 갔을 때 알림을 통해 확인해 준다. 또한 일 처리에 특화된 비서답게 회사의 최근 실적을 물었을 때 사무실 내의 데이터 파일을 읽어 들여 대답하는 등[66] 업무 용도의 기능도 점점 개선되고 있다. 집에 갇혀 있던 보이스 인공지능 서비스를 사무실로 또 그 외의 공간으로 확대한 것이 코타나가 이룬 의미 있는 진전이라 할 수 있다.

현재 보이스 인공지능 서비스들은 호환성, 소프트웨어, 쇼핑, 하드웨어 등에서 각각의 차별화된 강점을 선보이며 조금씩 경쟁하고 있지만, 결국 서로 타사의 경쟁력 있는 서비스들을 점차 닮아가고 있다.

2015년 애플은 '기억하는 인공지능'인 보컬 아이큐Vocal IQ를 인수했는데, 이는 '맥락 이해'에 있어 구글을 뛰어넘을 가능성을 시사하고 있다. 알렉사는 목소리 구분 서비스를 준비 중에 있고, 구글 어시스턴트는 구글 렌즈Google Lens라는 이미지 인식 서비스를 연계함으로써 또 다른 도약을 준비 중이다.

한편, 서비스 사이의 합종연횡의 가능성도 높다. 2017년 8월 아마존 알렉사와 마이크로소프트 코타나가 손을 잡았다. 두 기업은 클라우드 산업에서 첨예한 대립 구도를 이루고 있는 경쟁 업체여서, 이번 제휴는 많은 저널리스트들을 놀라게 했다. "알렉사, 오픈 코타나", "코타나, 오픈 알렉사"라는 짧은 명령으로 두 보이스 인공지능의 통합이 가능해졌다. 예컨대 알렉사로 아웃룩 캘린더와 이메일 서비스를 이용할 수 있다. 두 기업 간 제휴 논의는 2016년 마이크로소프트 CEO 서밋에서 처음 시작되었다고 뉴욕타임즈는 보도하고 있다.[67] 이는 모바일 양대 OS인 애플 iOS, 구글 안드로이드에 대항하기 위한 일종의 연합군이 형성된 것이기도 하다. 아마존은 파이어폰의 실패를 겪었고, 에코는 주로 부엌 안에 갇혀 있다. 마이크로소프트도 스마트폰의 실패를 겪었으며, MS 프로그램은 여전히 회사와 집의 PC와 태블릿 안에 갇혀 있다. 새롭게 손을 잡은 알렉사-코타나 보이스 인공지능 연합군의 위력이 어떨지 주목된다.

이 제휴의 가장 흥미로운 점은 첨예한 라이벌이 치열한 전쟁 속에서 경쟁이 아닌 통합으로 시너지를 내기로 결정했다는 데 있다. 이들은 아직 초기 단계의 플랫폼이기 때문에 이용자와 데이터 규모를 키우기 위해 머지않은 시일 내에 더 많은 합종연횡을 추구할 것이다. 분명한 것은, 보이스 인공지능의 통합은 이용자들에게 더 나은 서비스를 제공할 것이라는 점이다.

보이스
인공지능
서비스
현황

보이스 인공지능 서비스의 종류(2017년 8월 기준)

구분 기업	보이스 인공지능	호출 명령어	탑재 디바이스 탑재 OS	전용 디바이스 출시일
아마존	알렉사	"알렉사"	• 에코 • 에코 닷 • 에코 쇼 • 에코 룩 • 아마존 탭	2014년 11월
구글	구글 어시스턴트	"오케이, 구글" "헤이, 구글"	구글 홈	2016년 11월
애플	시리	"헤이, 시리"	• 홈팟 • 아이폰 iOS 10 • OS X Sierra	2017년 12월
SK텔레콤	누구	"아리아" "팅커벨" "크리스탈" "레베카"	• 누구 • 누구 미니	2016년 9월
KT	기가지니	"기가 지니"	기가지니	2017년 1월
삼성전자	빅스비	"빅스비"	• 갤럭시 S8, S8+ • 하만과 개발 　중인 스피커	미정

보이스 퍼스트 패러다임:
슈퍼 플랫폼을 선점하라

가격	특장점
• 에코: 179.99 달러 • 에코 닷: 49.99 달러 • 에코 탭: 129.99 달러 • 에코 쇼: 229.99 달러 • 에코 룩: 199.99 달러	• 아마존 서비스 연계 강점(쇼핑, 음악, 킨들 등) • 오디오북 서비스 연계 • 서드 파티 스킬(15,000개 초과)
129 달러	• 구글 소프트웨어 플랫폼 연계(이메일, 지도, 구글 포토, 안드로이드, 음악 스트리밍, 네스트 등) • 구글 렌즈 연계
349 달러	• 아이폰 기본 기능 사용 편리 • 아이폰 앱 호출, 메모, 트위터, 페이스북 연계 강점 • 디자인, 개인정보 보호, 사운드 강점 • 향후 Vocal IQ 워크플로우 기술 연동
• 149,000원 • 누구 미니: 99,000원	• SK텔레콤 인프라 연계(11번가, 멜론 등)
299,000원	• KT 인프라 연계(올레tv, 지니 등) • 하만 카돈 스피커 탑재 • IPTV 셋톱박스, TV 화면을 통한 피드백
미정	• 메시지, 화면 캡처, 사진 보내기 등 스마트폰 제어에 강점. • 연속된 명령 처리 • 이미지 인식 • 향후 Viv 기술 연동 • 삼성페이 연계 송금서비스

보이스 인공지능 서비스의 종류(2017년 8월 기준)

구분 / 기업	보이스 인공지능	호출 명령어	탑재 디바이스 탑재 OS	전용 디바이스 출시일
알리바바	알리지니 (AliGenie)	"Tianmao Jingling" (중국어)	티몰 지니 (Tmall Genie)	2017년 7월
네이버	클로바(Clova)	"샐리야"	• 웨이브(WAVE) • 캐릭터형 스피커 챔프 (Champ)	2017년 8월
카카오	카카오 아이(i)	"헤이, 카카오"	카카오 미니 (Kakao Mini)	2017년 가을
SK C&C	에이브릴 (Aibril) IBM Watson 기반		Wyth	미정
마이크로소프트	코타나 (Cortana)	"헤이, 코타나"	• Window10 • 인보크(Invorke)	2017년 가을
페이스북	엠(M)		• 페이스북 메신저 • 비디오 챗 기기 (이름 미정)	미정

가격	특장점
499위안(약 73달러)	• 티몰 쇼핑 연계
15,000엔(약 136달러)	• 번역, 검색, 인근 장소, 경로 정보 안내 강점 • 라인 메신저 서비스 추가 예정
미정	• 카카오톡, 카카오 택시 등 카카오 서비스 연계 강점 • 멜론 연계 강점
미정	• 엔터테인먼트 소속 연예인 음성 탑재
미정	• 윈도우 OS와 연동 • 개인화 • 리마인더 강점 • 크로스 플랫폼 강점 • 하만 카돈 스피커 탑재
미정	• 이용자 대화 인식 후 택시 예약 등 맞춤 정보 제안, 추천 • (하드웨어) 15인치 터치스크린 탑재

클라우드와
머신러닝의 마법

보이스 인공지능은 어떻게 작동하는가

"어디에나 있지만, 어디에도 없는"이라는 표현처럼 보이스 인공지능 서비스를 잘 표현한 말은 없을 것이다. 알렉사에게 "넌 어디 사니?"라고 물으면 알렉사는 "난 클라우드에 살아요"라고 답한다. 알렉사는 UI를 가진 대부분의 소프트웨어와 달리 '형체'가 없이 등장한 디지털 제품이다. '에코'는 알렉사를 담아낸 하나의 디바이스일 뿐이다. 에코는 매우 단순한 기계로 알렉사의 껍데기에 불과하다. 알렉사는 실제로 '클라우드'라고 하는 서버에서 작동한다. 그렇다면 우리는 보이스 인공지능이라는 제품을 어떻게 이해해야 할까? 보이스 인공지능은 소프트웨어와 하드웨어가 긴밀하게 얽힌 구조이다. [그림 1.6]을 보자.

우리가 보이스 인공지능 서비스를 직접적으로 만나는 것은 아마존 에코나 구글 홈과 같이 음성으로 상호 작용 가능한 하드웨어 디바이스를 통해서이다. '스마트 스피커'라고도 불리는 이 디바이스의 중요한 특징은 "알렉사"나 "오케이, 구글"과 같

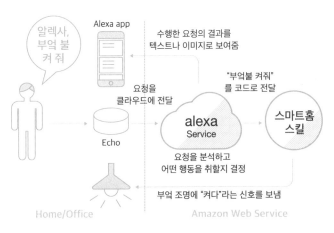

알렉사, 부엌 불 켜 줘

Alexa app

수행한 요청의 결과를 텍스트나 이미지로 보여줌

요청을 클라우드에 전달

Echo

"부엌불 켜줘"를 코드로 전달

alexa Service

스마트홈 스킬

요청을 분석하고 어떤 행동을 취할지 결정

부엌 조명에 "켜다"라는 신호를 보냄

Home/Office

Amazon Web Service

그림 1.6_ 보이스 인공지능의 서비스의 작업 흐름 구조도

은 '깨우기 단어wake word' 또는 '활성화 구문activation phrase'을 인식한다는 것이다. 이용자의 "알렉사, 부엌 불을 켜줘"라는 음성 요청을 스피커가 이해하여 응답을 모두 처리하는 것은 아니다. 이 스피커 디바이스 내에 내장된 작은 프로세서는 그러한 처리를 모두 할 만큼 강력하지는 않다. 우리가 접하는 음성 인식 디바이스는 이용자가 부르는 "알렉사"라는 단어를 인식하여 이용자의 음성을 녹음하기 시작하며, 말하기를 마치면 "부엌 불을 켜줘"와 같은 녹음된 음성을 인터넷을 통해 서버로 보내는 역할을 한다. 그리고 전송한 음성에 대한 결과를 서버로부터 받아 명령을 수행하는 것이다.

보이스 인공지능의 핵심이라 할 수 있는 '브레인Brain'은 클라우드라고 하는 서버에 존재한다. 클라우드는 수많은 서버가 연결된 서버의 다발이다. 디바이스가 보낸 음성 요청은 이 클라우드에서 브레인이 분석하고 어떤 응답을 내려야 할지 결정한다. 음성을 분석하고 이해하는 이러한 보이스 인공지능의 최근·발전은 기계학습machine learning, 추론reasoning 및 인식perception의 기술적 진보에 기반한다. 또한 강력한 컴퓨팅 파워와 데이터가 필요한 이 모든 것들이 클라우드 컴퓨팅의 힘으로 촉진된다.

입력되는 데이터들로부터 배우는 훈련, 알고리즘을 사용하여 음성과 세계를 더 잘 이해할 수 있도록 하는 훈련은 엄청난 양의 데이터를 처리하는 과정이므로 휴대용 기기보다 훨씬 많은 컴퓨팅 자원을 필요로 한다. 이전에는 그러한 서버와 하드웨어 마련을 위해 물리적인 공간을 직접 구입해야 했기 때문에 인공지능 수준의 컴퓨팅 처리는 거의 불가능했다. 그러나 클라우드 서비스의 발달은 보이스 인공지능 서비스의 획기적인 진보를 가능하게 했다. 클라우드 컴퓨팅은 당신이 소파에서 움직이지 않고도 세계에서 가장 강력한 슈퍼 컴퓨터 서버 다발—단 몇 초만에 사람의 명령을 이해하고 처리할 수 있는—에 접속하여 사용할 수 있다는 것을 의미한다. 또한 방대한 양의 음성 데이터를 주고받을 수 있는 전송 기술(인터넷 LTE 대역폭 등)의 발달은 과거에 어려웠던 음성 처리를 가능하게 한다.[68]

아마존 에코 역시 대표적인 클라우드 서비스인 아마존 웹서비스의 힘 덕분에 강력한 힘을 발휘한다. 에코는 이 플랫폼 없이는 작동이 어렵다.

스킬을 사용하는 아마존 알렉사를 예로 들어보자. 알렉사는 먼저 아마존 에코에서 전송한 이용자의 요청을 분석하여 적절한 서비스를 제공할 수 있는 알렉사 스킬을 확인하고, 이용자의 요청을 구조화된 코드 형태로 바꾸어 해당 알렉사 스킬에 재전송한다(53쪽 [그림 1.3] 참조). 알렉사 스킬은 이와 같이 다양한 요청을 해당 서비스와 연결시키는 역할을 한다. 이용자가 "알렉사, 부엌 불을 켜 줘"라고 했을 때, 이 요청은 알렉사 서버로 전송된다. 알렉사는 보이스 분석을 통하여 이것이 스마트홈 스킬에 관련된 요청이라는 것을 이해하고, 스마트홈 스킬에 해당 요청을 재전송하며, 이렇게 전송된 '켜는 요청/부엌 불'이라는 명령이 클라우드에서 실행되어 조명 기기로 전송되는 것이다.

특히, 보이스 인공지능의 핵심이라 할 수 있는 브레인의 성능은 기계 학습, 딥러닝, 자연어 처리 등의 기술적 진보와 수많은 데이터로 급격히 발전하고 있다.

더 많은 피드백, 더 스마트해지는 인공지능

"가장 강력한 자산은 바로 이용자다." 캠브리지대학의 스티브 영Steve Young 교수는 보이스 인공지능의 학습을 두고 이렇게 말했다.[69]

기 계 학 습 machine learning이 란

데이터들로부터 데이터의 규칙성이나 패턴 등 의미 있는 정보를 찾아내어
새로운 데이터의 판단에 이용하는 것이다. 가능한 모든 경우의 수를 미리 정
의하여 문제를 판단하거나 해결하지 않고, 데이터를 이용한 학습을 통해 최
적의 판단을 한다. 훈련 데이터를 학습기에 입력하여 학습 모델을 만들어 이
용한다. 기계 학습은 크게 지도 학습supervised learning, 비지도 학습unsupervised
learning, 강화 학습reinforcement learning 등으로 구분한다.

지도 학습을 예로 들면, '사과는 색이 빨갛고 모양은 둥글며 어떠 어떠한 특
징들을 가지고 있다'라고 모든 특징을 미리 정의해줌으로써 새로 주어진 임
의의 과일이 사과인지 아닌지 판단하는 것이 아니라, 다양한 사과의 사진(데
이터)들을 학습기에 학습시키고 이 학습된 모델을 통해 판단하는 것이다.

딥 러 닝 deep learning이 란

기계 학습을 위한 많은 알고리즘들의 한 종류로, 생물의 신경망neural network
을 모델로 한 인공 신경망artificial neural network을 이용하는 방법이다. 깊은 계
층을 가지는 특징을 가지며 엄청난 양의 데이터를 통해 신경망을 이루는 각
노드들의 가중치를 적절하게 학습시킴으로써 좋은 성능을 가지는 학습모델
을 얻는 방법이다.

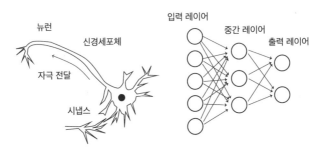

그림 1.7_ 신경망(좌)과 인공 신경망(우)

자 연 어 처 리 natural language processing, NLP

컴퓨터를 이용하여 사람의 언어를 이해하고, 생성과 분석을 다루는 기술로 최근 딥러닝 기술을 이용하여 더욱 급격히 발전했다. 자연어 처리는 자연어 검색, 기계 번역 자동화, 음성 인식, 챗봇chatbots 등 그 활용 분야가 다양하다. 인공 신경망을 이용한 자연어 처리 알고리즘(또는 프레임워크)은 구글이 오픈 소스로 공개한 자연어 이해 코드인 신택스 넷SyntaxNet 등이 대표적이다.

바둑을 두는 인공지능도 수천 개의 대국을 학습하여 실력을 향상시킨다. 승리한 경우와 패배한 경우를 모두 보고 승리한 경우에 가깝게 맞추어가도록 학습하는 것이다. 마찬가지로 보이스 인공지능이 제공한 답변에 대한 이용자의 예스/노의 피드백이 있다면 이를 이용하여 점점 이용자의 질문과 요청에 더 정확한 답변을 할 수 있게 된다. 따라서 더 많은 이용자들이 보이스 인공지능의 답변에 대한 피드백을 보낼 수 있다면, 인공지능 서비스는 그 피드백 데이터로부터 더 많은 학습을 할 수 있다. 즉 더 많은 이용자가 더 많은 피드백을 남길수록 인공지능은 더 똑똑해진다.

알렉사는 매번 알렉사가 사람의 말을 제대로 이해했는지 확인할 수 있게 수행한 모든 요청을 알렉사 앱 화면에 표시해준다. 알렉사가 맞게 답변했다면 예스, 틀리게 답변했다면 노를 이용자가 체크할 수 있다. 이러한 피드백 데이터는 클라우드로 보내져 다른 이용자들의 데이터와 함께 축적된다.

축적된 데이터를 바탕으로 엔지니어들은 인공지능의 성능을 향상시킬 수 있다. 사람들이 맞는 답변이라고 피드백한 쪽으로 이용자의 요청에 대한 답변을 더 정교하게 맞출 수 있기 때문이다. 이것은 더 많은 이용자를 갖고 있는 인공지능 서비스가 성능을 향상시키기가 더 쉽다는 것을 의미한다. 즉 서비스 이용자 자신이 경쟁력이 되는 셈이다.

다만 현재까지는 이용자가 틀린 답에 대한 피드백을 한다고

해서 이용자에 맞추어 디바이스에서 바로 반영되거나 보이스 인공지능 서비스가 즉시 개선되는 것은 아니다. 데이터는 항상 클라우드에 전송되어 다른 유저들의 반응과 함께 분석된 후 업데이트에 반영되기 때문이다. 따라서 현재의 보이스 인공지능은 실시간 성능 향상이나 정밀하게 개인화된 서비스를 제공한다고 보기는 어렵다.

구글의 한 수, 개별화된 머신 러닝

마케팅 그룹 스톤 템플StoneTemple에서 실시한 5천 개의 질문을 바탕으로 한 테스트에서는, 구글 어시스턴트와 알렉사가 90퍼센트의 답변을 하는 동안 시리는 62퍼센트의 답변밖에 하지 못했다. 〈월스트리트저널〉은 그 원인 중 하나로 애플의 엄격한 개인 정보 보호 정책을 지목했다.[70] 시리는 그동안 이용자의 클라우드 데이터를 사용하지 않았기 때문에 방대한 데이터 마이닝Data Mining에 집중해온 구글에 비해 상대적으로 진보가 느릴 수밖에 없었다. 결국 애플은 이용자가 시리의 성능 향상을 위해 클라우드 데이터를 제공할 것인지에 대하여 '선택적 옵션'을 제공하고, 제공된 데이터는 누구의 것인지 알 수 없도록 '스크램블Scramble' 방식으로 프라이버시를 지켜 나가기로 했다.

더 똑똑한 인공지능 서비스를 위해 더 많은 이용자 데이터가 필요하다는 사실은 첨단 기술의 딜레마이기도 하다. 그리고 특히 더 개인화된 맞춤 서비스를 받기 위해서는, 클라우드에 더 많은 개인 정보를 보내야 한다. 만약 내가 어떤 경로로 주로 이동하는지, 주로 가는 식당은 어디이며, 누구에게 주로 연락하는지를 인공지능 비서가 기억한다면 요청에 대한 응답을 더 빠르게 처리할 수 있다(2부 '보이스 인공지능이 풀어야 할 숙제' 참조). 그러나 나의 사적인 정보를 클라우드에 제공해야만 한다면, 사람들은 난감한 선택의 문제에 직면할 것이다.

구글은 최근 이러한 딜레마를 해결할 수 있는 아이디어를 공개했다.[71] 연합 학습federated learning이라고 하는 기계 학습법은 이용자의 디바이스 안에서 자체적으로 간단한 머신 러닝을 해결할 수 있도록 만든 구조다. 그렇게 하면 개인이 사용한 기록들을 서버로 보내지 않고도 디바이스 안에서 내게 맞는 대답을 하도록 인공지능 비서를 가르칠 수 있다. 이 같은 접근은 이전의 여타 보이스 인공지능 서비스가 하지 못했던 실시간 개선이나 더욱 개인화된 서비스 제공을 가능하게 할 수 있다.

이를 위해 구글은 자신들의 머신 러닝 플랫폼인 텐서플로우Tenser Flow의 초미니 버전을 스마트폰 앱에 포함시켰다. 현재는 지보드Gboard 앱의 검색 쿼리를 개인에 맞추어 제안하는 것으로 시작하고 있지만, 이용자가 키보드에서 타이핑하던 스타일에 맞추어 언어 모델을 개선하고, 이용자가 어떤 종류의 사진을 자주 보고 공유 또는 삭제하는지에 따라 사진의 우선순위를 맞추어 보여주는 기능도 기대한다고 구글 연구진은 말한다.

연합 학습에서는 이용자 정보가 서버로 전송되어 분석한 후 성능이 업데이트되는 시간을 기다릴 필요가 없으므로 이용자는 개인화된 즉각적 성능 향상을 경험할 수 있다. 특히 주목할 만한 점은 연합 학습에서는 이용자의 정보 전체를 서버로 보내는 것이 아니라 개인의 디바이스에서 학습을 시키고, 학습한 결과 값만을 요약해서 서버로 보내는 방식을 취한다는 점이다. 이는 과도한 개인 정보 수집의 우려에 대한 해법의 방향을 보여준다는 점이다.

이러한 머신 러닝 기술의 개선은 앞으로 보이스 인공지능 서비스도 충분히 개인화, 맞춤화될 수 있다는 것을 시사한다. 무엇보다 나의 가족과 연락처에서의 관계를 기억하고 좋아하는

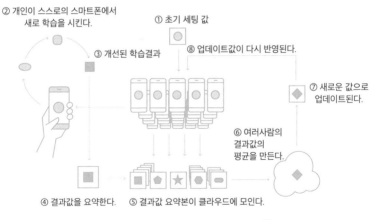

② 개인이 스스로의 스마트폰에서 새로 학습을 시킨다.

① 초기 세팅 값

③ 개선된 학습결과

⑧ 업데이트값이 다시 반영된다.

⑦ 새로운 값으로 업데이트된다.

⑥ 여러사람의 결과값의 평균을 만든다.

④ 결과값을 요약한다.   ⑤ 결과값 요약본이 클라우드에 모인다.

그림 1.8_ 연합 학습 구조도. Google 제공[72]

음식점과 자주 이용하는 서비스를 기억하여 알아서 처리해주는 그야말로 '똑똑한 비서'가 실현되기 위한 결정적인 장벽을 제거하고 실시간 성능 향상에 있어 혁신적인 초석을 마련한 셈이다.

슈퍼 보이스,
인공지능의 서막

세계를 이해하는 알고리즘의 비밀

영화 〈그녀〉의 보이스 인공지능 사만다는 주인공의 고민을 상담해주고, 주인공의 의도를 읽어 척척 일을 처리해 준다. 만약 이러한 기능을 기대하고 당신이 지금 인공지능 스피커를 구매한다면 실망할 수밖에 없을 것이다. 왜냐하면 지금의 음성비서는 제아무리 음악을 찾아주거나 쇼핑 주문에 뛰어나다 할지라도, 정해진 업무 범위를 벗어나면 금방 바보가 되기 때문이다. 당신이 만약 알렉사에게 '세차하기'와 같은 해야 할 일을 '리스트'에 저장하라고 하면, 알렉사는 그것을 '쇼핑 리스트'에 저장한다. 알렉사는 쇼핑 리스트와 할 일 리스트 두 가지를 가지고 있지만, 그것이 쇼핑할 '물건'인지 아니면 '할 일'인지 아직 구분하지 못한다. 자연어 처리 기술의 발달 덕택에 오늘날의 인공지능은 사람의 말을 인지하는 능력은 뛰어나지만, 그 말이 무엇을 의미하는지는 '아직' 모른다.

오늘날의 인공지능 비서가 수행하는 업무는 아직 정해진 알고리즘에 의해 코드를 처리하는 것뿐이다. 다만 "음악 틀어줘", "음악 들려줄 수 있니?", "음악 듣고 싶어" 등 다양한 자연어를 소화할 수 있기 때문에 마치 인공지능과 '대화할 수 있다'고 느낄 수 있을 뿐, 실은 다양한 입력-출력의 과정일 뿐이다.

인공지능 비서를 통해 달력에 스케줄을 기록하는 일은 다음과 같은 연속 대화를 통해 수행된다.

"스케줄 좀 적어줘."
_ "네, 몇 월 며칠입니까?"
"다음 주 수요일 12시."
_ "네, 오전 12시인가요, 오후12시인가요?"
"오후."
_ "알겠습니다. 어떤 약속인가요?"
"마리아와의 점심 약속이야."
_ "네, 다음 주 수요일, 7월 5일 오후 12시, 마리아와 점심 스케줄 잡았습니다."

당신은 인공지능 비서가 매우 똑똑하다고 생각할 수도 있다. 하지만 이 과정은 당신이 구글 캘린더에 날짜와 이벤트를 일일이 하나하나 입력하는 과정과 동일하다. 이 스케줄 예약 기능은 일련의 코드로 이루어진 알고리즘이다. 당신이 마리아와 왜 점심을 먹는지 묻지 않으며, 마리아가 친구인지 동생인지, 클라이언트인지 선생인지 기억하지 못하며 무엇을 먹고 싶은지, 레스토랑 추천이 필요한지를 추가로 묻지는 않는다. 따라서 현재의 보이스 인공지능은 아주 좁은 특정 영역에서만 작동하며, 무엇을 물어보든 모두를 수행해주지는 않는다. 알렉사가 '다음 주 수요일'을 알아듣는 까닭은 캘린더 영역을 위해 만들어 놓은 코드 안에서 대화하기 때문이다.

이를테면 "내 여자 친구 집에 가는 길에 맛있는 피자를 픽업하고 싶어. 그리고 피자와 잘 어울리는 와인과 꽃을 같이 가져가고 싶어"라는 얘기를 시리와 알렉사는 이해하지 못한다. 이 말 속에는 음식, 와인, 꽃과 길 찾기 기능 그리고 '여자 친구'의 주소와 같은 다양한 영역의 정보들이 함께 들어있기 때문이다. 사람들이 질문을 확장하다 보면 지속적으로 답하는 "Sorry, I don't know that"이라는 응답에 지칠 것이고, 인공지능이 아기와 같이 아주 단순 영역의 일 처리에서 벗어날 수 없다는 것을 금방 깨달을 것이다.

시리를 개발했던 팀인 식스파이브Six Five 연구팀은 애플을 떠나 비브랩스VivLabs에서 범용 인공지능general AI을 위한 연구를 계속했다. 현재의 보이스 인공지능이 "들려 줘", "켜 줘", "찾아 줘", "주문해 줘"와 같은 단순한 명령어로 이루어진 주문만 처리하는 데 반해 그들은 정말로 인공지능이 사람이 세상을 배워가듯 학습하는 것을 원했다. 비브랩스 연구팀은 인공지능이 스스로 문장 속의 영역을 파악하고 무엇을 찾아야 할지 학습하는 알고리즘을 개발했다. [그림 1.9]를 보자.

"동생 집으로 가는 길에 라자냐와 잘 어울리는 저렴한 와인을 픽업해야겠어."

여기서 비브는 '동생'은 관계이고 '집'은 주소이며, '라자냐'는 음식이라는 것을 파악한다. 그래서 연락처에서 동생과 집에 대한 정보를 합쳐 주소에 대한 길 찾기 루트를 확보한다. 그리고 라자냐가 어떤 종류의 음식인지 파악한 후 그것과 잘 어울리는 와인을 인터넷에서 찾는다. '피노누아'라는 와인이 추천되면 그것을 보유하고 있는 와이너리에 대한 정보를 앞서 찾은 길 찾기 정보와 합친다. 이 모든 과정이 이루어지는데 20분의 1초가 걸린다. 이런 방식으로 비브는 단어의 맥락을 파악하여 새로운 '플랜'을 스스로 세워 임무를 수행한다. 비브는 시공간적 맥락을 이해하며, 사물에 대한 좌표를 이해한다. 이것은 인간이 세상을 학습해 나가는 과정과 흡사하다. 비브는 영역domain, 온톨로지ontology, 택소노미taxonomy를 배운다. 온톨로지는 하나의 개념이 어떤 개념들과 연결되어있는지 파악하는 것을 의미하고, 택소노미는 '생물-동물-조류-꾀꼬리'처럼 사물에 대해 종과 속을 분류하는 것을 말한다.[73]

"동생의 집에 가는 길에 라자냐와 잘 어울리는 와인을 픽업하고 싶어"

라자냐는
음식

동생은
관계

집은
주소

재료를
찾는다.

연락처에서
동생을
찾는다.

집이라는 필터 생성

Recipe Puppy

Google Contact

라자냐의 재료:
치즈, 고기, 토마토소스

동생의
연락처 정보.

→ 주소록에서
'동생 집 찾기'

이것은
어떤 종류의
음식?

동생의
집 주소 찾기
완료

라자냐는 고소한
이탈리안 파스타

주소의 위치 정보를
목적지로 설정한다.

고소한
이탈리아
음식과 어울리는
와인 찾기

현재
위치를 찾아
동생 집까지의
루트 찾기

루트 확보

WINE.com

와인 추천
완료

해당 경로에서
피노누아 와인을
보유한 와인가게
찾기

경로 모양 그리기

품종: 피노누와

Wine Searcher

해당 경로에 있는 와인가게들
카달로그들 탐색

와인과 와인가게를
가격에 따라
배열하기

질문 안에서 시작 포인트를 설정하기

비브가 수행하는 단계

비브가 서드파티로부터 정보를 얻기위한
액션

플랜의 키 포인트

동생의
집에 가는 길에 있는
합리적 가격의 와인 가게
리스트

그림 1.9_ 비브(VIV) 플로 차트[74]

스스로 변화하는 코드와 기하급수 학습

일반적으로 개발자들은 '주소와 길 찾기'를 위한 코드를 따로 작성하고, '라자냐와 잘 어울리는 와인'을 찾기 위해 다른 코드를 별도로 생성한다. 이러한 작업은 일일이 사람의 개입에 의해 이루어진다. 하지만 비브는 여러 개의 도메인(예: 관계, 길 찾기, 음식)을 넘나들며, 도메인이 바뀔 때마다 스스로 코드를 바꾼다.

이로 인해 비브는 이전에 들어본 적 없는 새로운 질문도 이해할 수 있게 된다. 비브 연구진은 이것을 '동적으로 진화하는 인지 구조dynamically evolving cognitive architecture'라고 한다. 그런데 이 기술이 실제로 성장하기 위해서는 수많은 사람들의 참여가 필요하다. 그래서 비브 연구진은 제3의 개발자들 누구나 이 '글로벌 브레인'에 기여할 수 있도록 만들었다. 전 세계에서 다양한 사람들이 다양한 영역에서 실험하는 것을 하나의 뇌로 통합하는 전례 없는 실험을 시작한 것이다.

2016년, 비브 팀 중 한 명이 "사무실 근처에 있는 시카고 피자Pizz'a Chicago의 피자를 사주세요"라고 조용히 스마트폰에 대고 말했다. 약간의 시간이 지난 후 비브가 대답했다. "어떤 토핑을 원하십니까?" 연구원들은 각자 원하는 토핑을 이야기했다. 약 40분 후, 시카고 피자의 배달원이 각각의 토핑이 얹어진 네 개의 피자를 들고 나타났다. 연구원들은 환호성을 질렀다. 전화를 걸거나 구글 검색 없이, 게다가 알렉사처럼 도미노에서 응용 프로그램을 다운로드하지 않고도 처음부터 끝까지 피자 주문을 완수한 것이다.[75] 사람의 '의도'를 이해하는 인공지능 비서가 최초로 스스로 주문을 성공시킨 것이다.

브라이언 로엠밀은 "만약 이와 같이 백엔드Back-end 시스템이 사람이 말하는 의도를 정확히 이해한다면, 타이핑이나 터치와 같은 기계적 입력, 그리고 UI 사용법을 익히는 것과 같은 정신적 부하의 수많은 단계가 제거될 것"이라고 말한다.[76]

지금껏 사람이 컴퓨터와 소통하기 위해서는 많은 노력이 필요했다. 컴퓨터가 이해할 수 있도록 약속된 명령어를 배워야 했고, 스크린 가득 펼쳐진 선택 박스를 체크하고 검색 창에 단어를 입력해야 했다. 하지만 자연어 처리 기술의 발달과 비브의 '스스로 변화하는 코드'와 같은 혁신은, 비로소 컴퓨터가 사람의 언어를 이해하는 시대로 진입했음을 시사한다.

지난 70년간 사람이 컴퓨터를 이해하기 위해 노력했다면, 향후 70년은 컴퓨터가 사람을 이해하기 위해 노력을 기울이는 시대가 될 것이다.

보이스 인터페이스는 그 변곡점이다.[77]

소리의 세계를
우리가 제어한다?

바이올린을 든 한 소녀가 문 밖을 나온다. 오케스트라 연습장으로 가는 동안
오늘 연습해야 할 음악을 듣기 위해 헤드폰을 쓴다. 멋진 클래식 연주가 화
면 가득 흘러나온다. 소녀의 세계는 곧 클래식 음악으로만 둘러싸인다. 하지
만 소녀가 걸어가는 길은 자전거도 다니고, 기차도 간간이 지나다니는 길이
다. 소녀는 헤드폰에 몇 가지 설정을 한다. '자전거', '기차' 그리고 자신의 이
름 '켈리'.

클래식 음악이 흐르다 어느 순간 음악이 멈추고 철컹철컹 기차 오는 소리가
들리자, 소녀는 멈춰 기차를 기다린다. 기차 소리가 멈추자 다시 클래식 음악
이 이어 나온다. '따릉' 자전거 소리가 들린다. 소녀는 얼른 자전거를 피한다.
그리고 다시 음악이 순간 멈추며 "켈리"라고 부르는 소리가 들리자 소녀는
친구와 조우한다.[78]

이것은 하만Harman의 오디오 티저 영상의 일부이다. 칵테일 파티 효과처럼,
시끌벅적거리는 파티에서도 누군가 내 이름을 부르는 소리는 유독 귀에 잘
들린다. 이처럼, 클래식 음악만을 크게 듣고 있어도, 꼭 필요한 소리를 미리
설정해 놓으면 당신의 헤드폰은 이 소리를 감지해 골라서 들려준다. 여기에
쓰인 기술이 오디오 증강현실Audio augmented reality, AAR이다.

오디오
증강현실이란?

사무실 책상 위에서, 부엌에서, 내가 다니는 길거리에서 튀어나오는 피카츄를 보는 것은 즐거운 일이다. 이렇게 현실 세계에 가상의 디지털 정보를 더하는 것을 증강현실이라고 하는데, 시각 정보와 마찬가지로 청각 정보 역시 디지털화를 통해 현실 세계로 들어올 수 있다. 증강현실의 장점은 현실을 대체하지 않고 실제 현실 세계를 더 잘 지각하도록 만드는 것인데, 30도에서 90도 사이의 제한된 영역을 지각하는 시각 정보와 달리, 청각 정보는 실제 세상을 360도 인식할 수 있다는 점이 장점이다. 또 시각이 아닌 청각으로 들어오는 정보는 이용자가 세계를 인지하는 데 들이는 정신적 노력을 감소시키기도 한다. 이용자는 귀로 무엇인가를 들으면서 눈으로 자유롭게 주변을 인식할 수 있기 때문이다. 라디오를 들으면서 운전하는 것처럼 어렵지 않은 일이다.

오디오 증강현실 기술은 디지털 정보를 사용하여 주변의 소리를 선택적으로 받아들일 수 있게 한다. 이것은 현대인의 도시 생활에 있어 의미를 갖는다. 수많은 소리의 과잉이 일어나는 도시에서 자신의 소리 환경을 어떻게 제어하는가가 무척 중요하기 때문이다. 예를 들어 스타벅스 같은 곳에서 작업할 때 우리는 선택적으로 소음을 통제할 수 있다. 커피 머신의 시끄러운 소리만 걸러낸다든지, 음악을 듣고 있다가 자신의 메뉴를 호출하는 소리만 듣도록 함으로써 환경을 통제할 수 있다. 도시의 소리들이 야기하는 문제들을 기계가 해결해주는 셈이다.

일반적인 오디오 증강현실 시스템은 다음 여섯 단계를 가진다.[79]

1단계. 헤드폰 재생 설정: 오디오 콘텐츠를 들려주기 위한 재생 설정이 필요하다.

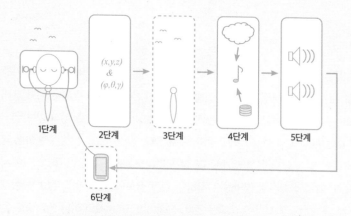

그림 1.10_ 오디오 증강현실 작업 흐름(Hannes Gamper, "Enabling technologies for audio argumented reality systems", 2014, 24p)

2단계. 이용자의 주변 정보 추출: 이용자의 위치, 방향, 움직임, 주변의 사람이나 물체가 있다면 그러한 것들을 추적하는 단계가 필요하다.

3단계. 맥락 결정: 앞의 과정에서 모은 정보들을 추출하여 이용자의 맥락을 파악한다. 이것은 이용자가 관심 있어 할 만한 가상 콘텐츠를 적재적소에 제공하기 위한 것으로, 이용자가 실제 환경을 더 잘 인식하는 데 도움이 된다.

4단계. 인코딩: 전달하려는 콘텐츠를 오디오 정보로 인코딩한다.

5단계. 공간적 렌더링: 전달하려는 소리의 정보를 적절한 위치나 방향에 맞게 들려준다. 이것은 양쪽 귀에 입력되는 오디오 정보에 적절한 차이를 두어 공간상에서 실제처럼 느낄 수 있게 한다.

6단계. 추가 인터페이스: 필요할 때 스마트폰처럼 부수적인 인터페이스를 제공하기도 한다.

2

보이스,
인터페이스
혁명

우리는 데이터를 입력하기 위해

웹페이지를 방문하거나 스마트폰에서 앱을 열어야 했다.

지금까지 앱과 같은 서비스가 사람들로 하여금 데이터를

입력하도록 끌어당겼다면(pull-based), 이제는

모든 서비스가 사람들에게 다가올(push-based) 것이다.

이러한 빅 리버스(big revers)와 함께 애플리케이션들은

전기나 수도처럼 눈에 보이지 않지만 항상 존재하는

형태가 될 것이다."

– 가우라브 샤르마(Gaurav Sharma)[80]

기계와의 대화, 70년의 역사

컴퓨터 인터페이스의 선구자들

컴퓨터 개발 초기, 사람들은 천공 카드나 종이 테이프로 자료를 기계에 입력한 다음 라인 프린터Line Printer로 출력했다. 콘솔을 제외하면 실시간으로 처리되는 것은 아무 것도 없는 무척이나 지루한 작업이었다. 천공 카드는 데이터를 표현하기 위해 규칙에 따라 구멍을 뚫어 사용하는 종이 카드로서, 천공의 위치가 하나의 비트를 나타낸다. 천공의 위치로 표현된 비트들이 모여 프로그램이 되었고, 이것을 읽어 들이는 장치인 데크가 있었다. 프로그램을 읽어 들이는 것만으로도 오랜 시간이 걸렸고, 오류 또한 많았으며 결과는 자기magnetic 테이프에 출력하는 방식이었다. 이 시기 컴퓨터는 주로 인구 조사와 같이 거대한 데이터 처리를 위해 사용되는 도구였고, 특정 입력이 주어지면 일련의 명령들을 순차적으로 실행하는 기계였다. 이와 같이 이미 정해진 명령의 묶음을 순차적으로 진행하는 인터페이스를 '배치 인터페이스batch interface'라고 한다.

미국의 아날로그 컴퓨터의 선구자인 바네바 부시Vannevar Bush는 2차 세계대전이 끝난 직후인 1945년 〈애틀랜틱The Atlantic〉에 '우리가 생각하는 대로as we may think'라는 글을 싣는다. 이 글에서 그는 메멕스Memex라는 가상의 기기를 제안하는데, 주요 내용은 개인용으로 사용되는 정보처리 기계와 인간 사이의 인터페이스에 대한 내용이었다. 그는 이 글에서 메멕스라는 개인용 기계가 인간과 상호 작용하며 기억을 저장하고, 확장할 것이라 했다. 더나아가 메멕스라는 기계는 인간이 생각하는 것들의 흔적과 단서의 그물망으로 이루어진 새로운 형태의 도구가 될 것이라고 예견했다.[81]

당시 바네바 부시가 교수로 있던 MIT에는 노버트 위너Norbert Wiener가 교수로 재직 중이었다. 위너의 제자 클로드 섀넌Claude E. Shannon은 1942년 정보 단위인 비트bit 개념을 만들어 낸 것으로 유명하다.[82] 섀넌과 함께 디지털 시대를 개척한 위너는 1948년에 자신의 생각을 집대성한 『사이버네틱스Cybernetics』라는 책을 출간한다. 이 책에서 위너는 기계와 동물의 공통점은 정보를 수집하고 동작을 효과적으로 수행하는 제어장치와 커뮤니케이션 장치를 가지고 있다는 점이라고 주장한다.[83] 『사이버네틱스』를 기초로 발전한 전자 제어 회로이론은 이후 수많은 산업 분야에 응용되면서 컴퓨터 공학의 급격한 발전에 기여했다. 위너가 말한 인간과 유사한 또는 인간이 가지고 있는 특성을 가진 기계는 점차 다양한 제어장치를 매개로 인간과 상호 작용을 증가시켰다.

위너의 인간을 닮은 기계 개념은 이후 '컴퓨터 환경'과 '상호 작용' 개념으로 발전했고, 이들의 선구적인 업적은 다양한 분야의 다수 개발자들에게 많은 영감을 주었다.

그림 2.1_ 배치 인터페이스 기계의 천공 카드(Courtesy of International Business Machines Corporation, © International Business Machines Corporation.)

실시간 응답의 시작: 커맨드라인 인터페이스와 유닉스

1957년 모니터링 프로그램이 컴퓨터 안에 대기하며 에러 검사 기능을 하는 로드 앤 고load and go 시스템이 등장했고, 뒤이어 프로그램이 컴퓨터에 상주하며 사람이 키보드 입력을 통해 내리는 명령에 즉각 대응하는 방식인 커맨드라인 인터페이스 command line interface, CLI가 등장했다. 커맨드라인 인터페이스를 대표하는 운영체제가 유닉스Unix다.

1960년대 말 미국의 전화 시장을 독과점하고 있던 AT&T는 다양한 네트워크 기술을 개발하는 곳으로 유명했다. 당시 최첨단 네트워크를 운영하기 위해선 강력한 컴퓨팅 파워와 효율적인 운영체제가 필요했다. 이를 위해 1969년 AT&T 산하 벨Bell연구소에서 켄 톰슨Kenneth L. Thompson, 데니스 리치Dennis M. Ritchie 등에 의해 유닉스가 개발되었다. 키보드를 통한 커맨드라인 인터페이스를 적용한 유닉스는 여러 명이 동시에 컴퓨터에 접속해 이용할 수 있다는 것이 장점이었다. 유닉스와 C 언어의 창시자 중 한 명인 데니스 리치는 다음과 같은 말을 남겼다. "유닉스는 여러 사람이 터미널을 통해 프로그램을 타이핑하기 위해 만들어진 것이 아니라, 인간과 기계가 서로 최적화된 방식으로 커뮤니케이션하기 위해 만들어진 운영체제다."[84] 시간이 흐르면서 보다 직관적이고 이용자 편의에 우호적인 인터페이스들이 등장하며, 키보드 사용은 줄어들고 있다. 하지만 키보드를 사용한 커맨드라인 인터페이스는 여전히 텍스트를 입력하는 가장 유용한 방식 중 하나다.

2차원을 제어하다: 그래픽 유저 인터페이스와 마우스

1963년 그래픽 유저 인터페이스graphic user interface, GUI의 맹아가 당시 MIT 학생이던 아이반 서덜랜드Ivan E. Sutherland를 통해 세상에 등장했다. 서덜랜드가 자신의 박사학위를 위해 개발한 스케치패드sketchpad가 그 주인공이다. 스케치패드에선 이용자가 스크린 위에 만든 모형들이 각각 독립된 개체로 취급되었고, 일단 만들어진 뒤에는 자리 옮김, 크기 조절, 복제, 회전, 결합 등이 가능했다.[85] 이러한 시도는 컴퓨터 그래픽이 하나의 독립적인 학문으로 발전하는 계기가 되었지만, 그래픽 기능에 상응하는 입력 장치가 없다는 점은 여전히 문제로 남았다. 스케치패드에 사용된 펜과 태블릿, 조이스틱은 여전히 불만족스러웠다. 또 스케치패드는 당시 구현 가능한 컴퓨팅 파워에 비해 화면 처리량이 너무 많아 다시 그리기와 같은 필수적인 기능들을 구현할 수 없었다. 따라서 일반인들이 사용하기엔 실용적이지 못했다.

그림 2.2_ 엥겔바트가 발명한 최초의 볼 마우스("https://commons.wikimedia.org/wiki/File:L1170175.JPG" by Asadal)

전환점은 마우스의 등장과 제록스Xerox 팰로앨토 연구소Palo Alto Research Center, PARC에서 그래픽 유저 인터페이스로 구현된 알토Alto 컴퓨터였다. 1963년 마우스를 개발한 더글러스 엥겔바트Douglas Engelbard는 빌 잉글리쉬Simon W. Bill English와 함께 프로토 타입 수준의 마우스를 내놓았다[그림 2.2]. 빌 잉글리쉬는 초기 마우스를 개발하고 팰로앨토 연구소에 입사해 기계식 볼 마우스를 개발했다. 이것이 알토 컴퓨터와 결합하며 처음으로 그래픽 인터페이스 구현이 가능한 상용 컴퓨터로 출시되었다. 마우스는 시대를 앞서 나간 혁신적인 인터페이스 시스템이었지만, 개발자인 엥겔 바트는 경제적 이득을 얻지는 못했다. 이후 팰로앨토 연구소를 방문한 스티브 잡스는 그래픽 인터페이스에 크게 감명받고 팰로앨토 연구소의 래리 테슬러Larry Tesler를 애플로 영입한다. 스티브 잡스는 테슬러와 함께 그래픽 인터페이스를 구현한 컴퓨

그림 2.3_ **그래픽 컴퓨터 애플 리사2**("https://commons.wikimedia.org/wiki/File:Apple_Lisa_2_Full.jpg" by Michael Vokabre)

터 리사Lisa(1983년)와 매킨토시Macintosh(1984년)를 선보이며 세상을 깜짝 놀라게 한다[그림 2.3].[86] 이후 마우스는 크고 작은 변화를 거치며 그래픽 인터페이스의 핵심으로 자리잡는 데 성공한다. 전문가의 입장에선 명령어 기반의 커맨드라인 인터페이스가 강력하면서도 유연한 도구였지만, 아이콘—마우스로 대표되는 직관적인 그래픽 인터페이스는 일반인이 컴퓨터를 사용하는 진입 장벽을 낮추는 데 큰 역할을 담당한다. [87]

가장 직관적인 인터페이스, 터치 그리고 아이폰

터치 스크린의 작동 방식은 크게 두 가지 줄기로 발전해왔다. 첫째, 센서에 가해지는 변화를 감지하는 정전식 감응capacitive sensing 방식으로 이는 1965년 존슨E. A. Johnson[88] 이래 진화했다. 둘째, 스크린 뒤에 위치한 서로 다른 두 개의 막이 스크린에 가해지는 압력을 인식하는 방식인 저항막 터치 스크린resistive touch screen은 1970년 허스트G.S. Hurst 이후 크게 성장했다.[89] 초기 터치 센서 발명가들은 터치 인터페이스가 매우 직관적이며 사람과 컴퓨터 모니터 사이에 굉장히 유용하게 상호 작용할 수 있다는 사실을 확인했다. 이후 IBM, 벨연구소, MIT, 토론토대학, 유럽입자물리연구소CERN 등에서 멀티 터치를 포함한 다양한 방식의 터치 인터페이스가 개발된다.[90, 91, 92]

1980년대 이후 반도체 칩 가격이 하락하고 소프트웨어와 하드웨어 성능이 좋아지면서 본격적으로 멀티 터치 기술이 연구된다. 멀티 터치 기술의 구현은 다수 연구자들의 기여로 이루어졌다. 1980년대에 빌 벅슨Bill Buxton은 동시에 양손을 터치할 수 있는 기술을,[93] 1983년 마이론 크루거Myron Krueger는 손가락의 동작을 인식해 입력하는 시스템을 개발했다.[94] 1992년 브루스 토냐치니Bruce Tognazzini와 제이콥 닐슨Jakob Nielsen은 손가락을 펴고 오므리는 동작에 따라 그림이 커지고 작아지는 기술을 개발했다. 1998년 델라웨어대학의 존 엘라이아스John Elias와 웨인 웨스터맨Wayne Westerman에 의해 설립된 핑거웍스Fingerworks는 끊김이 없는 멀티터치 제품을 시연하였다.[95] 이후 핑거웍스는 애플Apple에 인수되어 아이폰과 아이패드의 터치 인터페이스 개발에 기여하게 된다.[96]

마이크로소프트에 기술을 제공한 뉴욕대 연구교수 제프 한Jeff Han이 멀티 터치를 탁월하게 사용하는 움직임을 선보인 2006년 테드TED 강연장은 사람들의 탄성으로 가득했다. 그는 양 손과 손가락을 사용해 터치 화면의 사진들을 자유자재로 확대하고 돌리면서 말했다. "보세요, 여긴 매뉴얼이 없습니다. 이젠 누구도 사용법을 배울 필요가 없어졌습니다. 그냥 생각하는 대로 움직이기만 하면 됩니다. 만약 여러분 중 100만 달러짜리 노트북 컴퓨터 프로젝트를 생각하고 있는 분이 계시다면, 마우스와 커서를 후세에 물려주는 것은 좋은 생각이 아닌 것 같습니다."[97]

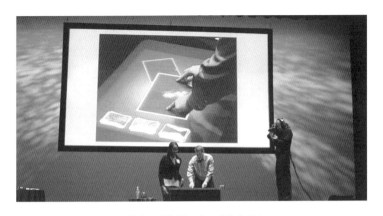

제프 한은 이전까지 사람이 컴퓨터를 사용하기 위해 물리적
인 장치에 맞추어야 했지만 이제는 기술이 발달하여 장치가 우
리에게 맞추어 진화할 것이라고 덧붙였다. 사람이 컴퓨터의 언
어를 매번 새로 배워야 하는 일은 컴퓨팅에 있어 커다란 장벽이
었다. 수많은 사람들이 그 장벽을 부수기 위해 노력해 왔고, 멀
티 터치는 이 장벽을 뛰어넘고자 하는 '직관적 인터페이스'의 혁
명이었다.

터치 인터페이스를 실현하고자 2001년 공개된 포트폴리오 월
Portfolio Wall 같은 야심 찬 프로젝트나 마이크로소프트의 테이블
형 터치스크린 장치인 서피스 픽셀센스Surface Pixel Sense는 그러나
터치 인터페이스를 대중화시키는 데 성공하지는 못했다. 포트
폴리오 월은 벽 전체를 덮는 커다란 터치스크린으로, 사무실의

업무 소통을 유연하게 하는 도구로 소개되었는데, 설치에 드는 비용이 3만8천 달러에 이르는 고가의 장비로 2008년에 이르러 해당 프로젝트는 중단되었다. 서피스 픽셀센스는 여러 명이 동시에 터치할 수 있는 테이블 태블릿으로, 개인 용도보다는 공공 영역 또는 레스토랑 등의 상업적 용도에 적합하다는 한계가 있었다.[98]

이후 스마트폰이라는 파급력이 극대화된 기기를 만난 터치 인터페이스는 모바일 기기에 보편적으로 탑재되어 모바일 컴퓨팅 기기에서 편의성과 이동성이 극대화된 인터페이스로 큰 역할을 담당하고 있다.

단순함과 편리하면서도 특별한 사용자 경험을 추구하는 미래형 인터페이스

현재 보편적으로 사용되는 IT 기기는 하나의 기기에 다양한 방식의 인터페이스 장치가 설치되어 있는 것이 일반적이다. 노트북에서는 터치와 키보드를 동시에 사용할 수 있고, 운영체제에 따라 일부 노트북은 음성 인식 기능도 지원한다. 스마트 TV는 리모콘, 음성, 동작을 인식한다. 터치 인터페이스도 햅틱haptic 기능과 결합하여 이용자에게 다양하고 풍부한 경험을 제공하는 방향으로 빠르게 진화하고 있다. 이외에도 영상 처리 기술의 발전과 더불어 얼굴, 동작 인식은 어느새 사람의 감정마저 읽어낼 수 있게 되었고, 사람의 시선을 읽어 내는 아이 트래킹eye-tracking 등 복수의 인터페이스가 멀티모달multi-modal 방식으로 통합되어 이용자에게 차별화된 경험을 선사하고 있다.

MIT 미디어 랩에서 플루이드 인터페이스 그룹Fluid Interfaces Group을 이끌고 있는 패티 메이즈Pattie Maes는 현재의 인터페이스 방식은 주어진 상황과 맥락을 이해하지 못하고blind, 이용자 명령에 반응하는 수동적 방식이며passive, 이용자가 기기와 상호 작용하기 위해서는 잠시라도 하던 일을 멈춰야 하는disruptive 한계를 가지고 있다고 주장한다.[99] 그에 따르면 미래의 인터페이스는 상황과 맥락을 해석하여 이해하고context-aware, 이용자 시점에서 정보를 능동적으로 제공하고 이용자 개입은 최소화되어야 하며proactive, 인터페이스가 주의를 분산하지 않고non-disruptive, 이용자에게 끊김 없이seamless 통합적인integrated 경험을 제공하는 방향으로 발전해야 한다고 했다. 같은 맥락에서 음성 인터페이스는 인터페이스의 역사에 메이즈가 주장하는 의미 있는 변화를 유발할 수 있는 잠재력을 가지고 있다. 멀티터치 인터페이스가 그래픽 기반의 상호 작용에서 가장 직관적인 지점에 도달했다면, 보이스 인터페이스는 텍스트 기반에 있어 근본적 변화를 불러오고 있기 때문이며, 인간이 컴퓨터의 언어를 배우는 것이 아니라 컴퓨터가 인간을 이해하기 위해 노력하는 방향으로 인터페이스는 진화하고 있기 때문이다.

보이스 인터페이스의
부상

음성 인식 기술의 태동기, 소리를 1:1로 매칭하다

뉴욕 맨해튼을 흐르는 허드슨 강을 따라 차를 타고 한 시간 쯤 올라가면 뉴저지주 머레이 힐Murray Hill에 닿는다. 이곳에 위치한 벨연구소는 첨단 IT 기술의 산실이다. 총 여덟 개의 노벨상이 이 연구소의 연구 실적에 수여되었고, 전파 망원경, 트랜지스터, 레이저, 전하결합소자charge-coupled device, CCD, 유닉스, C언어, 이동통신 단말기와 같은 현대 사회를 살아가는 데 없어서는 안될 기술들이 이곳에서 개발되었다.[100]

최초의 자동 음성 인식automatic speech recognition, ASR 기계인 오드리Audrey를 개발한 이들 역시 벨연구소에서 근무하던 개발자들이었다.[101] 1952년 진공관을 이용해 만들어진 오드리는 0부터 9까지 숫자만을 인식할 수 있었다. 이용자가 마이크에 대고 숫자를 말하면 오드리는 입력된 신호를 분석한 후, 내부 기억장치에 저장된 패턴과 입력된 신호를 비교해 숫자에 해당하는 전구의 불을 켜는 방식으로 작동했다. 하지만 오드리는 6피트 높이의 선반을 차지할 만큼 크기가 컸고, 진공관을 이용해 회로를 구성했기 때문에 막대한 전력을 소모하며 유지 보수 또한 어려웠다. 한편 오드리가 제대로 동작하기 위해선 이용자가 정확한 발음을 또 박또박 말해야 했고, 숫자와 숫자 사이에 반드시 0.35초 이상 멈추고 말해야 했다. 이러한 불편함과 성능 제약으로 인해 버튼을 눌러 숫자를 입력하는 방식에 밀려 오드리는 널리 사용되지 못하고 사라지고 만다.[102]

그림 2.5_ IBM의 슈박스(Shoebox) (Courtesy of International Business Machines Corporation, © International Business Machines Corporation.)

1956년 벨연구소에 입사한 제임스 플래너건James Flanagan은 처음으로 AD/DA[103] 컨버터와 필터를 사용해 음성 신호를 디지털 신호로 변환해낸 인물이다. 그 이후로 음성 인식은 본격적으로 디지털 신호처리 알고리즘의 발전과 함께한다. 이 시기를 대표하는 모델이 IBM에서 1961년 제작하여 1962년 세계박람회에서 발표한 음성 인식 기기 슈박스Shoebox다. 슈박스에서는 마이크를 통해 입력된 음성 신호가 AD 컨버터를 거쳐 디지털 데이터로 변환된다. 이 디지털 음성 데이터는 기계 내부의 소프트웨어에 의해 문장에서 가장 작은 음소 단위로 나뉘어 분석된다. 이 분석된 데이터는 기존의 데이터베이스와 비교하여 문맥에 맞는 단어로 전환되어 마지막으로 화면 출력장치에 문자나 명령어로 표현된다. 이렇게 슈박스는 0에서 9까지의 숫자와 열여섯 개의 명령어 단어들을 인식할 수 있었다.[104, 105]

슈박스 이후 자동 음성 인식 기술은 컴퓨터 하드웨어 성능의 발전과 함께 진화했다.[106] 음성 인식 기술에 대한 기대도 커졌고 관련 연구 기금과 투자 또한 증가했다. 하지만 기술적 제약과 키보드, 그래픽 등 다른 인터페이스의 발달로 음성 인식 기술에 대한 열기는 점차 식어갔고, 음성 인식 기술에 회의를 품는 사람도 생겨났다. 대표적인 예가 벨연구소의 존 피어스John R. Pierce다. 1966년 벨연구소에 합류한 피어스는 진공관을 사용한 아날로그 앰프 개발, 통신 위성 텔스타Telstar 개발 등 연구소의 주요 연구 과제들을 성공적으로 이끌며 유명세를 얻어갔다. 피어스는 미국 과학아카데미National Academy of Sciences, NAS로부터 자동 음성 인식 기술의 발전 상황을 조사 및 평가하는 보고서를 작성해 달라는 요청을 받았다. 음성 인식을 연구하는 이들은 수년 내로 자동 번역이 완성될 것이라 주장했지만, 존 피어스의 조사 보고서는 이와 달리 통렬한 비판으로 가득 찼다. 다년에 걸친 조사 결과 그는 자동 언어 처리 기술이 과대 평가되어 있고, 그동안의 연구는 명확한 평가 기준도 없어 정량적인 비교가 어려울 뿐더러 투입된 비용에 비해 얻은 성과는 미약하다고 결론 내렸다.[107] 이 보고서 이후 미국 정부는 예외적인 경우를 제외하고는 연구 기금 지원을 끊었으며, 이로 인해 언어 처리 기술은 약 20년간의 침체기로 접어들었다.[108] 1970년대와 1980년대는 이른바 자동 언어 처리 연구의 겨울이었다.

차근차근 한 걸음씩: 통계적 방법의 유행

1971년 시작된 미국 국방고등연구기획청Defence Advanced Research Project Agency, DARPA의 음성 이해 연구Speech Understanding Research, SUR 프로젝트는 천 개 이상의 단어를 자동 인식하는 것을 목표로 5년 동안 진행되었고, 1976년 카네기멜론대학의 하피Harpy 시스템이 이 목표를 달성했다. [109, 110, 111] 지금까지 음성 인식 기술의 판단 기준이 되고 있는 단어 오류율word error rate, WER이 음성 이해 연구 프로젝트를 통해 정립되었다. 그러나 미 국방고등연구기획청 역시 이 프로젝트를 통해 음성 인식의 미래가 불투명하다는 것을 확인했고 이후 관련 투자를 중단했다.

우리는 종종 단어를 따로 외우고 문법을 기계적으로 조립하는 방법으로 다른 언어를 배우곤 한다. 하지만 외국인과 여러 차례 대화하거나 더 많은 문장을 들으면 우리 자신도 모르게 외국어에 익숙해지는 경험을 한다. 기계도 마찬가지다. 이미 존재하는 문장들을 여러 차례 들려주고 정답에 가까운 경우들을 통계적으로 학습시키는 방법은 왜 안 될까?

1980년대로 넘어오면서 자동 음성 인식 기술에 비로소 통계적 방법을 시도하기 시작했다. 이를 통해 고립된 단어를 인식하는 데 한정되어 있던 음성 인식이 연결 단어를 처리할 수 있을 만큼 발전할 수 있었다. 이때 사용된 방법에 '히든 마코프 모델Hidden Markov Model, HMM' 등과 같은 프레임워크가 있는데, 이는 특정 상태에 이르는 과정의 변수와 주변 변수들을 알면 다음 상태를 확률적으로 추론할 수 있다는 통계 방법론이다. 이를 음성 인식에 적용하면 기계에 미리 알려주지 않은 단어나 문장도 확률적으로 추정하는 정확도를 크게 높일 수 있다. 또한 컴퓨터 프로세서의 성능이 기하급수적으로 증가하면서 기존의 방대한 이용자 분석 데이터를 이용할 수 있게 되었다. 이렇게 데이터를 통해 문장을 문법적으로 분석하고 완성하는 기계 번역의 수준도 크게 증가한다. 이 방식을 이용한 대표적인 음성 인식 장치가 1980년대 중반 IBM이 개발한 탱고라Tangora 시스템으로, 탱고라는 2만여 개의 단어를 알아 들을 수 있었다. 통계적 프레임워크를 이용한 음성 인식 기술 연구는 2000년대 들어 딥러닝이

나오기 전까지 자동 음성 인식 기술 발전에 중심 역할을 담당했다.[112, 113] 그러나 컴퓨터 처리 속도 및 저장 공간의 제약과 정확도 등의 문제로 음성 인식 기술이 일반적으로 널리 쓰이기까진 10여 년의 세월을 더 기다려야 했다.

사람보다 말을 더 잘 알아듣는 기계: 딥러닝 알고리즘 적용

음성 인식 기술의 오랜 정체기에 마침표를 찍은 것은 딥러닝 기술이다. 사람의 뇌 속 뉴런 연결이 학습을 통해 강화되는 것처럼, 딥러닝은 데이터를 가지고 신경망 구조의 프로그램을 훈련시키며, 이를 통해 프로그램 내 특정 연결망 계수가 커지거나 작아지는 방식으로 기능한다. 딥러닝 기술이 음성 인식에 적용되기 위해선 그래픽 처리 장치GPU와 같은 병렬 처리 방식에 기초한 컴퓨팅 파워의 지속적인 증가, 빅 데이터의 활용, 딥러닝 알고리즘의 개발 등이 필요하다. [그림 2.6]에서 확인할 수 있는 것처럼, 음성 인식 기술의 정확도를 나타내는 단어 오류율WER은 딥러닝 알고리즘이 본격적으로 적용된 2010년을 전후로 비약적으로 개선되기 시작했다.[114]

2011년부터 2013년 사이에 시리, 구글 나우와 같은 보이스 서비스 간의 기술 경쟁이 스마트폰에서 시작되었다. 이후 이들의 성능은 조금씩 향상되었으나, 보이스 서비스의 수준은 자연스

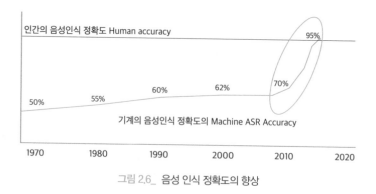

인간의 음성인식 정확도 Human accuracy

95%

70%

62%

60%

55%

50%

기계의 음성인식 정확도의 Machine ASR Accuracy

1970   1980   1990   2000   2010   2020

그림 2.6_ 음성 인식 정확도의 향상

러운 대화를 예상했던 이용자들의 기대와는 거리가 멀었다. 비로소 2016년에 인간의 음성 인식 정확도와 근접한 결과물들이 발표되었다.[115]

영화 속 보이스 인공지능 사만다가 인간과 조우하며 상호 작용을 통해 발전해가는 모습은 더 이상 상상 속의 이야기만은 아니다. CES 2017에서 도요타가 보이스 인공지능 서비스 '유이'의 프로토타입을 공개하는 등[116] 자동차와 보이스 인공지능의 다양한 결합도 등장하고 있으며, 아마존의 알렉사는 이용자와 가벼운 농담을 주고 받을 수 있을 만큼 발전했다. 음성 인식이 처음 나온 1950년대와 1960년대만 하더라도 자동 음성 인식 장치는 음소를 부정확하게 인식하고 문맥의 요지를 파악하지 못해 극히 제한적 용도에만 쓰일 수 있는 형편없는 기계였다. 하지만 이제는 문맥을 스스로 인식하여 텍스트를 작성하는 수준으로 진화하고 있다. 기계 번역 역시 간단한 내용은 일상 생활에서 사용할 수 있을 만큼 좋아졌다. 특히 2010년대 들어 머신 러닝과 딥 러닝, 클라우드 컴퓨팅의 발전 등에 힘입어 음성 인식률은 크게 좋아지고 있다.

멀티터치 기술의 혁신 이후, 이제는 인간이 기계와 자연어를 통해 대화하는 것이 인터페이스의 새로운 혁신으로 자리를 잡아가고 있다. 보이스 인터페이스는 이러한 흐름에서 독보적이고 핵심적인 위치를 차지하게 될 것이다. [117]

데이터 포식자,
보이스 인터페이스

쓸모 없는 놀이를 위한 인터페이스가 승자가 된다

마우스와 그래픽 인터페이스는 도스DOS 컴퓨팅을 빠르게 교체했다. 모바일과 터치는 시대를 지배하고 있지만, 포트폴리오 월과 같은 인터페이스는 그렇지 못했다. 어떤 차이 때문일까? 역사상 시대의 승자가 되었던 인터페이스들은 몇 가지 공통적인 특징을 갖고 있다. 첫째, 인터페이스들은 도구적 목적보다 유희적 목적으로 쓰일 때 훨씬 빠르게 퍼졌다. 전화기가 처음 등장했을 때 가장 많이 쓰인 용도는 '수다떨기'였다고 한다.[118] 초창기 그래픽 인터페이스는 비디오 게임 덕분에 빠르게 퍼졌다.[119] 반면 포트폴리오 월이나 서피스 픽셀 센스 같은 테이블 터치 인터페이스는 처음부터 생산적 업무용 도구로 등장했기 때문에 대중화의 한계를 가졌다. 어떤 도구가 사람들에게 있어 '쓸모 있는 일'보다 '쓸모 없는 소소한 일'을 할 수 있을 때 대중화에 성공하는 경우가 종종 있다. 사람들이 어떤 도구의 사용법을 배울 때는 우선 그것과 친숙해져야 하는데, 놀이는 도구와 친해지는 좋은 방법이기 때문이다. 그리고 비즈니스 업무와 같은 '도구적' 일은 그것을 사용하는 시간이 정해져 있지만, '유희'는 그야말로 언제 어디서든 할 수 있기 때문이다. 둘째, 가격이 저렴해야 한다. 그만큼 규모의 경제가 가능해야 한다. 가격이 비싼 인터페이스는 기업이나 기관에서 쓰일 수 있을지 몰라도 폭넓게 사용되는 인터페이스가 되기 어렵다. 셋째, 그 이전의 인터페이스보다 직관적이고 빠르며 편해야 한다. 다시 말해 기계와 사용자 간의 마찰friction을 줄일 수 있어야 한다.

차세대 인터페이스는 과연 무엇이 될까? 보이스는 위의 세 가지 조건을 모두 만족시키고 있다. 알렉사를 탑재한 에코는 지루해 하는 사람에게 농담을 던져주고, 적적할 때 음악을 들려주는 기계로 널리 퍼졌다. 아마존은 에코를 실용적이고 편리한 쇼핑 기계로 소개했지만, 사람들이 가장 많이 이용하는 용도는 음악 듣기였다.[120] 〈타임〉에서 선정한 '베스트 알렉사 스킬 10'을 보면, 퀴즈나 게임 스킬이 매우 높은 인기를 얻고 있다는 것을 알 수 있다.[121] 에코는 아직까지 사람들이 '실용적이지 않은 용도'로 많이 쓰는 기계다. 만약 알렉사가 실용적이기만 한 도구였다면, 사람들은 알렉사와 많은 시간을 보내지 않았을 수도 있다. 아이폰은 670달러짜리 기계였다. 증강현실 인터페이스를 강력하게 구현하고 있는 기기인 MS 홀로렌즈Hololens의 가격은 무려 3,000달러(약 330만 원)다. 에코의 저렴한 버전으로 출시된 에코 닷은 49달러(약 6만 원)다. 인공지능 비서를 집 안에 들이는데 스타벅스 커피 열 잔 가격밖에 들지 않는 셈이다. 그리고 에코를 작동시키기 위해서는 전원을 켤 필요가 없고, 쇼핑을 하기 위해 앱을 켤 필요가 없다. 다시 말해 보이스 인공지능 서비스는 '쓸모 없는 장난'을 할 수 있는 '저렴한 기계'로 등장했고, 무엇보다 이용자와 기계 간에 존재하던 마찰을 제거하고 있다.

마찰의 감소

아이폰에서 페이스북에 글을 쓰려면 일단 전원을 켜고, 페이스북 앱을 실행하고, 스크롤하면서 쓰기 버튼을 찾아 터치한 후 키보드에 입력한다. 간단한 것 같지만 여기엔 상당히 많은 단계의 액션이 존재한다. 그런데 이것을 시리를 이용하여 실행하면 다음과 같다. "시리야, 페이스북에 글 써줘"라고 명령한 후, 내용을 이야기하기만 하면 페이스북 포스팅은 완료된다. 그리고 만약 당신이 설거지하다 세제가 떨어진 것을 발견하고 바로 세제를 구매하려 한다면, 고무장갑을 벗고 스마트폰을 찾아 버튼을 누른 후 쇼핑 앱을 열고 세제를 검색해서 가격을 비교한 다음 구매 버튼을 눌러야 한다. 하지만 보이스 인터페이스는 수많은 중간 단계를 제거해준다. 벤처투자사 앤드리슨 호로위츠 Andreessen Horowitz의 벤 에반스Benedict Evans는 보이스 인터페이스는 이용자와 기계 사이에 존재했던 마찰을 줄여줄 뿐만 아니라, 행

동의 맥락_{context}까지 바꾼다고 이야기한다.[122]

파티에서 한 친구가 실수로 함께 먹어야 할 칠리 수프에 코를 박고 재채기하자, 이 모습을 본 다른 친구가 태연한 표정으로 "알렉사, 피자 주문해 줘"라고 말한다.[123] 이러한 장면을 담은 알렉사의 바이럴 광고들은 이용자가 상황을 발견하는 즉시 문제 해결을 위한 행동을 취할 수 있다는 점을 강조한다. 지금껏 소비자가 어떤 것을 사야 한다는 필요성을 발견하는 시점과 그것을 구매하는 시점 사이에는 시간 간극이 존재했다. 이 시간 간극은 소비자가 느끼지 못했던 불편이다. 메모도 마찬가지다. 무엇인가 아이디어가 떠올랐을 때 바로 메모하는 것은 상황에 따라 쉽지 않다. 사람들은 수첩이나 메모지를 찾거나 또는 스마트폰에 기록한다. 그리고 평소에 사고 싶던 것을 기억하거나 적어두었다가 컴퓨터 스크린 앞에 앉아 기억과 메모에 기대 관련 일들을 한꺼번에 처리한다. 이제 보이스 인터페이스는 사람들의 행동 방식을 바꿀 수 있다. 청소하다 세제가 떨어진 것을 확인하면 즉시 구매를 요청하고, 떠오르는 아이디어는 바로 말로 얘기하며, 카레를 요리하는 중에 젖은 손으로 스마트폰 타이머를 애써 맞추지 않아도 되기 때문이다.

스크린을 탈출한 인터페이스

아마존이 2017년 출시한 에코 쇼Echo Show는 80년대와 90년대 인터페이스 중 하나인 오래된 인터폰을 연상시킨다. 그만큼 50대 또는 60대 세대가 이용하기에도 거부감이 적은 장치라 할 수 있다. 해시태그(#)의 창시자로 알려진 크리스 메시나Chris Messina는, 애플이 압도적 디자인의 100만 원짜리 테크 쥬얼리를 선보이는 동안, 아마존은 복잡한 테크 장치를 제거한 실용적인 물건을 선보였다는 점을 주목한다. 메시나의 평가에 따르면 에코, 에코 쇼, 대시 버튼은 얼리 어답터가 새로운 테크를 뽐내기에도 너무 소박한 장치이며 동시에 노인들이 활용하는 데도 무리가 없다. 에코, 대시 버튼은 지난 10년간 기술 발전 신화로부터 다소 외면당했던 그리고 이로 인해 기술 진보를 거부했던 사람들을 다시 불러모았다.[124] 메시나는 매일 좁은 스마트폰 화면에서 눈을 떼지 못하는 사람들의 모습을 보며, 이러한 방식의 인터페이스는 지속 가능하지 않다는 결론에 도달한다.

모바일과 멀티 터치 인터페이스가 등장한 지 10년이 되었다. 많은 이들이 만연한 모바일 스크린을 대체할 것이 무엇인지에 대하여 논쟁했고, 일부는 증강현실AR과 가상현실VR을 차세대 인터페이스로 예측하기도 했다. 구글, 마이크로소프트, 페이스북, 삼성전자가 구글 글라스, 홀로렌즈, 오큘러스Oculas, 기어 VR 등에 집중하고 있을 때 혁명은 전혀 다른 곳에서 진행되고 있었다. 보이스 인터페이스가 이용자들에게 빠르게 받아들여진 까닭은, 다른 인터페이스가 새로운 디바이스를 개발하는 동안 보이스 인터페이스는 디바이스를 우리 몸으로부터 제거해 버렸기 때문이다.

보이스 인터페이스는 모니터와 본체, 키보드와 마우스로 이루어진 전통적 형태의 컴퓨터와 인터페이스를 해체하기 시작했다. 키보드나 터치가 인간의 의도적인 노력을 필요로 하는 입력 방식이라면, 음성은 보다 자연스럽게 존재하는 방식이다.[125] 현재 보이스 인터페이스는 시리처럼 아이폰에 장착되어 있거나 에코나 구글홈 같은 스피커 형태를 띠지만, 가까운 미래에는 언제 어디서든 이용자가 원하는 형태로 존재할 수 있다. 아이언맨 Iron Man 토니 스타크Tony Stark의 인공지능 비서 자비스JARVIS, just a rather very intelligent system처럼, 집이나 사무실에서 사람들은 보이지 않지만 생활 곳곳에 편재하는omnipresent 지적 존재를 느끼며, 마치 그 공간이 살아있다는 느낌을 받을 수도 있다. 〈월스트리트저널〉의 테크 칼럼니스트 월트 모스버그Walt Mossberg는 구글, 애플, 페이스북, 아마존 등 디지털 기술 기업과 다양한 스타트업들이 주력하고 있는 기술들을 주목하며, 앞으로 컴퓨터는 생활의 배경으로 녹아들게 될 것이라 말한다. 모스버그는 컴퓨팅의 새로운 모습으로 음성 명령, 사람의 움직임, 온도의 변화로 컴퓨팅이 활성화될 것이라 전망하면서, 심지어 인간의 생각만으로도 그것이 가능해질 수 있다고 주장한다. 주변 환경이 스스로 지성을 지닌 존재로 탈바꿈하여 사람이 원하는 것을 수행하는 앰비언트 컴퓨팅ambient computing의 도래를 시사하는 것이다.[126] 모스버그는 "기계를 사용하는 데 버튼을 누르거나 터치를 사용해야 한다면 매끄러운 작동 방식이 될 수 없다"라고 말한다. 따라서 생활 곳곳에 편재하는 인터페이스는 기술의 진보가 지향하는 궁극의 성배와도 같다. 이러한 앰비언트 컴퓨팅으로 가는 출구gateway가 바로 보이스라고 할 수 있다.[127]

인터페이스와 데이터

턴더Tinder와 같은 소셜 데이팅 앱이 인기다. 물리적인 현실 세계에서 모르는 사람이 서로의 취향에 따라 만나기란 여간 어려운 일이 아니다. 취향과 성향에 대한 사람들의 정보가 데이터베이스에 차곡차곡 쌓여가고 이를 매칭하는 알고리즘이 진화하다 보면 디지털 세계에서 모르는 사람이 서로를 알게 되고 만날 가능성이 높아진다. 사람들이 소셜미디어에 올리는 다양한 생활 기록부터 소비, 거래, 이동, 교통 등의 데이터는 현실 세계를 디지털 가상 세계로 옮긴다. 데이터가 풍부하고 정제될수록 디지털 세계는 현실 세계의 복제로 진화할 수 있다. 이때 데이터는 시공간을 초월하여 현실의 사람들을 연결한다. 저널리스트 폴 메이슨Paul Mason은 디지털 세계를 통해 인류는 현실 세계의 무엇이든 안전하게 실험하고 가상에서 실행해볼 수 있게 되었으며, 따라서 과거와 오늘날은 무척 다르다고 말한다.[128] 인류는 데이터를 이용하여 현실 세계에 대한 편집권과 분석권을 갖고 더 나은 예측과 더 나은 서비스, 그리고 더 나은 판단을 이끌어낸다. 이것이 오늘날 데이터를 '21세기의 원유'라고 하는 까닭이다.

인스타그램Instagram에는 1분당 평균 약 6만 6천 개의 사진이, 페이스북에는 약 3천 3백만 개의 포스팅이 올라온다.[129] 이렇게 오늘날 온라인상의 데이터가 비약적으로 증가한 배경에는 기계와의 마찰 감소, 다시 말해 인터페이스의 진화가 놓여 있다. 인스타그램과 같이 터치 몇 번만으로 사진을 찍어 공유할 수 있는 소셜미디어 덕분에, 사진, 행동, 장소에 관한 막대한 데이터가 디지털 세계에 축적되고 있다. 이는 인스타그램이 사진을 찍어 포토샵으로 편집하고 이를 이메일로 보내던 그 모든 번거로운 과정을 줄여주었기 때문이다. 마찰이 더 적은 인터페이스는 더 많은 데이터를 생성할 수 있다.

만약 인터페이스의 역할이 현실 세계와 데이터 세계를 잇는 연결 고리라 한다면, 인터페이스의 미래를 데이터와의 상관관계를 통해 예측할 수 있다. 앞서 설명한 것처럼 마찰과 데이터가 반비례 관계라면 혁신가들은 마찰이 더 적은 방향으로 인터페이스를 진화시킬 것이다. 보이스 인공지능과 같은 대화형 인터페이스는 자연스럽게 인류의 생활에 스며들어 다양하고 막대한 규모의 데이터를 생성할 것이다.

만약 소셜 데이팅 앱들이 보이스 인공지능 서비스 또는 챗봇 서비스와 같은 대화형 인터페이스를 도입한다고 가정해 보자. 스키를 좋아하는 사람들끼리 매칭 확률이 높다는 학술 연구 결과가 나왔다고 전제하면, 데이팅 앱의 채팅 알고리즘은 이용자와 대화하다가 슬쩍 "당신도 혹시 스키를 좋아하세요?"라고 물어볼 것이다. 만약 당신이 평소에 이 대화 봇을 친근하게 느꼈다면 아무런 거부감 없이 "응" 또는 "아니"라고 대답할 것이다. 당신이 스스로 자신의 프로필에 "스키"라는 취향을 먼저 입력하지 않았지만, 이 대화의 결과로 데이팅 앱 서비스는 당신에게 먼저 다가와 당신의 데이터를 가져가는 셈이다. 친근하고 유머 있게 날씨를 알려주는 것으로 유명한 챗봇 서비스 폰초Poncho는 "오늘 날씨가 맑네요. 혹시 주차 정보도 필요한가요?"라고 묻는다. 그럼 당신이 "예" 또는 "아니오"를 답하는 것만으로도 폰초는 당신이 평소에 차를 갖고 다니는지 그렇지 않은지 선별할 수 있다.

브레인과 촉수로 작동되는 복합현실: 인터페이스의 미래

미래의 인터페이스가 어떤 방식으로 진화할 것인가에 대하여, 테크 블로그인 베타웍스Render form Betaworks의 에디터 맷 하트만Matt Hatmann은 온 디맨드 인터페이스On-demand Interface라는 개념을 제시했다.[130] 이는 제품이나 서비스가 이용자가 필요한 특정 맥락과 상황에서 이용자에게 가장 편리한 인터페이스로 나타나는 것을 말한다. 온 디맨드 인터페이스는 제품이나 서비스에 대한 보편적 관점을 크게 변화시킨다. 앱 또는 웹 그 자체는 제품이나 서비스가 아니다. 앱과 웹은 이용자와 제품 또는 서비스의 본질―하트만은 이를 브레인brain이라 부른다―과 연결하는 인터페이스이자 동시에 이용자의 필요를 이해할 수 있는 촉수이다. 어떤 추상적인 개념을 현실에서 구체적인 예시로 구현한 것을 '인스턴스instance'라고 한다.[131] 앱과 웹은 이 브레인이 별도로 인스턴스를 생성instantiation한 것이라 할 수 있다. 브레인은 자신의 진화를 위해 이용자의 데이터를 필요로 하며, 이 목표를 위해 다양한 촉수 또는 인터페이스를 사용하고 이를 진화시킨다. 보이스 인터페이스는 이용자의 데이터를 효과적으로 흡수하기 위해 진화한 촉수 중 하나로 정의할 수 있다.

포스퀘어foursquare는 이용자의 위치 데이터를 수집해 다른 이용자에게 도움될 수 있는 위치를 추천하는 플랫폼이다. 여기서 브레인은 특정 장소를 자주 방문한 사람은 누구이며, 이들의 취향은 무엇이며, 이들과 유사한 취향을 가지고 있는 사람들에게 해당 장소를 추천하는 일을 담당하는 알고리즘이다. 첫 번째 촉수는 포스퀘어 앱이다. 이용자들은 포스퀘어 앱을 통해 브레인과 연결된다. 또 다른 촉수로는 내가 지금 누구와 어디에 있는지를

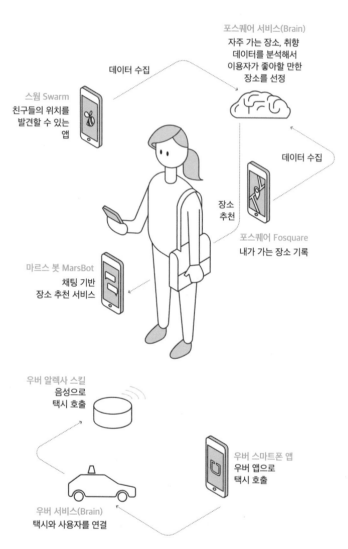

데이터 수집

포스퀘어 서비스(Brain)
자주 가는 장소, 취향
데이터를 분석해서
이용자가 좋아할 만한
장소를 선정

스웜 Swarm
친구들의 위치를
발견할 수 있는
앱

데이터 수집

장소
추천

포스퀘어 Fosquare
내가 가는 장소 기록

마르스 봇 MarsBot
채팅 기반
장소 추천 서비스

우버 알렉사 스킬
음성으로
택시 호출

우버 스마트폰 앱
우버 앱으로
택시 호출

우버 서비스(Brain)
택시와 사용자를 연결

그림 2.4_ 브레인과 멀티 유저 인터페이스(그림: 박성미)

보이스 퍼스트 패러다임:
슈퍼 플랫폼을 선점하라

알려주는 브레인의 소셜 요소인 스웜swarm 앱이다. 스웜과 포스 퀘어 앱으로부터 수집된 데이터를 기초로 내가 지금 머물고 있는 장소에서 어디로 가면 좋을지를 텍스트 메시지로 추천하는 마르스 봇Mars bot 또한 포스퀘어 브레인의 촉수다. 사람이 손을 통해 감각하고 뇌에서 판단을 내려 입으로 정보를 알려주듯, 포스퀘어의 브레인은 촉수(앱)를 뻗어 사람들의 데이터를 수집한 후, 이것을 바탕으로 적절한 장소를 또 다른 촉수(마르스 봇)를 통해 알려준다.

보이스, 챗봇, 앱, 웹 그리고 증강현실 및 가상현실은 모두 브레인에 속한 촉수다. 브레인은 최상의 서비스와 사용자 경험을 위해 가능한 많은 데이터를 모아야 하고, 이를 위해 이용자가 가장 마찰이 낮은 방법으로 브레인과 연결될 수 있도록 문맥과 상황에 따른 적절한 촉수를 제시할 수 있어야 한다. 택시 앱 우버uber의 브레인은 '이동을 원하는 이용자에게 적절한 이동 수단을 효과적으로 제공하는 일'이다. 중요한 것은 필요할 때 택시가 그곳에 있다는 사실이지, 어떤 방법으로 택시를 호출하는가는 중요하지 않다. 따라서 이러한 목적을 위해 여러 개의 인스턴스 생성이 가능하다. 이용자는 전통적인 앱을 사용하거나 챗봇 또는 인공지능 서비스를 활용할 수 있다. 맷 하트만은 브레인과 여러 개의 촉수로 구성된 디지털 세계를 '복합현실mixed reality'이라 정의하며, 복합현실에서는 챗봇과 보이스 인공지능 서비스가 주요 촉수로 기능하고 있다고 말한다.[132]

보이스 인공지능이
풀어야 할 숙제

만물 상자는 가능한가

지금껏 우리는 보이스가 다음 세대를 지배할 강력한 인터페이스가 될 수 있는 이유를 살펴보았다. 하지만 보이스 인터페이스가 인공지능 서비스와 함께 모바일처럼 강력한 패러다임 전환을 일으킬 것인지에 대해 회의적인 시각 또한 존재한다. 또한 보이스 인공지능 서비스가 사람들과 더 친숙하게 상호 작용하기 위해서는 아직 풀어야 할 과제가 남아있다.

오언 윌리엄스Owen Williams는 보이스 인공지능이 아직 흑마법과 흡사하여 커튼을 거두면 환상이 빠르게 사라질 수 있다고 말한다. 마치 거대한 장막 뒤에 서 있는 볼품없는 오즈의 마법사처럼 말이다. 만약 이용자가 보이스 인공지능에게 "근처에 있는 멕시코 레스토랑을 예약해 줘"라고 한다면 어려운 요구가 아니다. 하지만 "내가 늘 가던 곳으로 예약해 줘"라고 한다면 "도울 수 없습니다"라는 답변을 들을 가능성이 높다.133

유저 인터페이스UI 디자이너 아니타 사이니Arnita Saini는 이용자의 습관을 이해하는 일과 관련하여 다음과 같은 예를 든다.[134] 당신의 연락처에 두 명의 제이슨(제이슨 킴과 제이슨 매튜)이 있다고 하자. 제이슨 킴은 대학 시절의 오랜 친구이지만 최근엔 연락한 적이 전혀 없다. 제이슨 매튜는 직장 동료다. 만약 당신이 "제이슨에게 전화해줘"라고 요청하면 인공지능 비서는 "제이슨 킴과 제이슨 매튜 중 누구에게 전화를 걸까요?"라고 되묻는 것이 일반적일 것이다. 하지만 사이니는 오류의 위험이 있더라도 최근 연락이 잦은 제이슨 매튜에게 바로 전화를 거는 것이 더 매끄러운 처리 방식이라고 말한다. 대신 연결 전에 빠르게 취소할 수 있는 옵션을 제공한다는 전제를 깐다면 말이다.

이와 같은 문제들은 보이스 인공지능이 진정한 도우미가 되려면, 이용자가 사용하는 시점에 시간, 장소, 상황 등 이용자가 처해 있는 맥락을 정확히 이해하는 것이 필요하다는 것을 의미한다. 위에 말한 예처럼 평소에 주로 가는 곳, 평소에 주로 연락하는 패턴이나 맥락을 파악해야 더 빠른 서비스를 수행할 수 있다. 그리고 장소와 시간에 따른 맥락의 파악은 또 다른 차원의 효과적인 서비스 제공에 도움이 된다. 예를 들어 운전 중인 차 안에서는 이용자가 도로 위에서의 안전에 집중할 수 있도록 보이스 인공지능은 훨씬 더 간결한 대화로 요청을 수행할 수 있어야 한다. 또한 공동 생활 공간이나 사무실, 카페와 같이 다른 사람들이 함께 있는 공간에서 큰 소리로 비밀번호나 집 주소 같은 민감한 정보를 이야기한다는 것은 상상할 수 없는 일이다. 개인 정보 처리를 위한 이용자 인터페이스를 상황에 따라 다르게 마련하는 것이 필요하다. 이처럼 아침, 점심, 저녁, 밤, 새벽과 같은 시간, 거실 또는 부엌과 같은 가정 내 공동 생활 공간, 차량, 사무실 또는 카페 같은 장소, 휴식, 업무, 운동, 가족 또는 친구와 함께하는 상황 등 맥락을 이해하고, 개인적 상황인지 사회적 상황인지에 따라 이용자와 상호 작용하는 최적의 방법을 찾을 수 있어야 한다.

2015년 애플에 인수된 스타트업인 보컬 아이큐Vocal IQ가 소개한 기술이 이러한 과제를 풀어가는 데 단초가 될 것으로 보인다.[135] 이용자가 "주차 공간이 있고 어린이를 데려갈 수 있는 중국 식당을 찾아 줘"라고 요청 한 뒤 한 시간 후 마음을 바꿔 "아니, 멕시칸 레스토랑으로 찾아줘"라고 하면 보컬 아이큐의 인공지능은 앞선 중식당의 조건을 모두 고려한 결과물을 알려준다. 현재까지의 인공지능 서비스들은 한 번에 하나의 요청만 수행하지만, 보컬 아이큐는 인간이 하는 것처럼 앞선 모든 컨텍스트를 계속해서 기억한다. 또한 화면을 보지 않고 전부 요청을 완료할 수 있기 때문에 자동차와 같은 공간에서 특히 유용한 서비스를 제공할 수 있을 것으로 보인다. 따라서 이 기술은 보이스 인공지능이 사람과 더 친숙한 개인 비서로 거듭나는 데 중요한 돌파구를 마련했다고 평가받았다. 다만 이것이 시리와 같은 대중화된 인공지능 서비스에 적용되기까지는 시간이 걸릴 것으로 보인다.

보이스 퍼스트 시대가 도래할 만큼 보이스가 다른 인터페이스를 압도하려면 다른 인터페이스에 비해 더 빠르게 이용자의 요청에 대답할 수 있어야 한다. 아마존 알렉사와 구글 홈이 빠르게 소비자의 마음을 사로잡고 시장을 만들어낼 수 있었던 것은, 타이머 설정, 음악 듣기, 주변 전자 제품 제어 등에 있어서 다른 방법들에 비해 더 나은 사용자 경험을 제공했기 때문이다. 하지만 이것만으로는 부족하다. 더 많은 기능에 있어서 화면과 키보드, 마우스, 터치스크린 등의 다른 인터페이스보다 우월한 사용자 경험을 제공할 수 있어야 한다. 예를 들어 다양한 제품을 비교하며 선택하는 쇼핑과 예약, 많은 내용을 감안해야 하는 질문과 요청 등은 아직 기존의 인터페이스를 이용하는 것이 편리하다.

보이스 인공지능이 풀어야 할 가장 큰 숙제는, 이용자 요청에 대한 답변의 정확성이다. 머신 러닝 기술 발전에 힘입어, 이용자가 음성으로 말하는 질문과 요청 사항을 텍스트로 전환하고, 이를 다시 구조화된 문의query로 처리하는 것은 상당 부분 해결되었고, 계속해서 개선되고 있는 중이다. 다만 수많은 질문과 요청 사항을 이렇게 구조화된 문의로 처리할 수 있는 만물 상자를 만들어내는 것은 또 다른 해결 과제다. 질문의 수가 한 개 또는 두 개 정도라면 답변의 정확성이나 문제 해결 능력이 굉장히 높은데 반해 이 숫자가 늘어날수록 품질 저하를 피할 수 없기 때문이다. 현재 보이스 인공지능 서비스를 위한 질문과 답은 대부분 아직도 사람이 직접 입력하여 만들고 있다. 특히 많이 나올 법한 일반적인 질문 유형 500개에 대해서는 답변이 마련되어 있지만, 다수 이용자의 질문이 언제나 그 500개 안에 들어갈 것이라는 보장은 없다.[136] 개개인에 특화된 질문은 절대 부족할 수밖에 없다. 보이스 인공지능 서비스를 제공하는 회사 입장에서 이용자의 모든 질문과 요청 사항에 답변할 수 있는 만물 상자를 만들어내기 위해서는, 모든 가능한 시나리오를 파악해야 하는데 이는 매우 어려운 일이다. 이러한 문제를 해결하기 위한 다양한 노력이 이루어지고 있다. 결국 예상치 못한 시나리오에 맞추어 스스로를 개선할 수 있는 알고리즘이 필요한데, 1부에서 언급한 비브랩스의 연구는 이러한 노력을 보여준 첫 시도라고 할 수 있다.[137]

스킬의 한계

아마존 알렉사의 스킬과 같이, 외부 개발자 생태계를 함께 활용하여 만물 상자 문제를 해결하는 방법을 생각해 볼 수 있다. 알렉사는 2017년 상반기 기준 15,000여 개의 스킬을 자랑하고 있다. 하지만 이 스킬의 수와 그 증가만으로 보이스가 세상을 점령할 것이라 예상할 수는 없다. 첫째, 알렉사 스킬 중 69퍼센트에는 이용자 리뷰가 아예 없거나 한 개 정도인데, 이는 아주 낮은 사용률을 대변한다. 둘째, 알렉사 또는 구글 어시스턴트가 음성 기반 앱 이용자를 어느 정도 확보했다 하더라도, 앱 설치 후 2주차에도 사용하는 비율은 단지 3퍼센트에 불과하다. 안드 로이드 또는 iOS 앱의 경우 2주차 잔존 사용률이 각각 13퍼센트, 11퍼센트인 것을 감안하면 이는 매우 낮은 수준이다. 보이스랩 스의 공동 창업자 아담 마칙Adam Marchick은 "아주 많은 음성 기반 앱이 소개되었지만, 대부분 좀비 앱에 불과하다"고 말한다.[138]

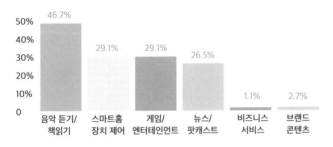

그림 2.6_ 보이스 인공지능 서비스의 쓰임새, Voice Labs Consumer Survey 2017

에코와 홈 이용자들이 새로운 음성 기반 앱을 발견하고 이를 이용하도록 만드는 것은 매우 어려운 일이다. [그림 2.6]에서 확인할 수 있는 것처럼, 많은 이용자들은 여전히 음악 스트리밍, 오디오북 듣기, 조명 조절 등 정형화된 활동에만 에코와 홈을 이용하고 있다.[139] 물론 이런 활동들은 음성 기반 플랫폼에게 있어 아주 좋은 용례이긴 하다. 그러나 알렉사 스킬 등 보이스 인공지능 서비스와 결합할 응용 소프트웨어의 개발자들이 계속해서 혁신적인 서비스를 만들어 나갈 경제적 동인이 되기에는 충분하지 않다. 다른 한편 이 숫자들은 잔존 사용률 문제를 해결할 수 있다면 기업들이 시장을 선점할 생태계를 구축할 수 있는 기회가 여전히 있음을 보여준다.

알렉사는 이용자가 특정 요청을 했을 때 그 요청에 해당하는 스킬을 자동으로 찾아주지 않는다. 예를 들어 알렉사에게는 번역을 할 수 있는 다수의 스킬이 엄연히 존재하지만, 이용자가 스킬을 지정하지 않고 "알렉사, Cat을 한국어로는 무엇이라고 하지?"라고 하면 알렉사는 "Sorry, I don't support Korean"이라고 답할 뿐이다. 이 요청에 번역 스킬이 필요하다는 것을 누구나 알 수 있지만, 알렉사는 스스로 스킬을 찾지 못한다. 이러한 한계를 갖고 있는 한 알렉사가 스킬 생태계의 풍부함을 충분히 활용한다고 말하기는 어렵다.

이용자들은 기대한다

의사소통 수단 중에서도 음성을 이용하는 것이 사람들에게 가장 효과적이면서도 쉬운 방법임에는 틀림없다. 하지만 실제 사용 과정에서 여전히 사람들은 보이스 인공지능보다 기존의 인터페이스를 사용하게 되는 경우가 있게 마련이다. 첫 번째 경우는, 기존의 인터페이스를 통한 방법이 더 편한 경우이다. 앞서 언급했듯이 선택지가 많은 쇼핑이나 예약의 경우 화면을 통해 여러 가지 대안을 한 눈에 비교하는 것이 이용자에게 훨씬 더 직관적인 방법이다. 사람들이 기존의 인터페이스를 사용하게 되는 또 다른 경우는, 실제로는 음성이 더 편리함에도 불구하고 이미 익숙한 습관으로 인해 기존의 인터페이스를 이용하는 경우다. 음악을 듣고 싶거나 시간을 확인하고자 할 때, 또는 누군가에게 전화를 걸 때, 사람들은 습관적으로 주머니 속의 스마트폰을 꺼낸다. 한 번 몸에 익은 습관은 쉽게 바뀌지 않을뿐더러 어쩌다 보이스 인공지능을 처음 사용하게 되는 경우, 이러한 습관을 바꿀 수 있을 만큼 획기적으로 편안한 사용자 경험을 얻는 것은 아직은 쉽지 않은 일이다. 이렇게 음성이 유리한 영역들이 제한되어 있으므로 인해 에반스는 보이스 인공지능의 시장 장악이 쉽지 않다고 전망한다.[140] 그래서 그는 보이스 인터페이스는 선택이라고 말한다.

보이스 인공지능은 이용자들로 하여금 컴퓨터 또는 기계가 아닌 마치 사람과 같은 '비서'를 대하는 느낌이 들게 한다. 이용자들은 보이스 인공지능이 그들의 모든 질문과 요청에 대해 대답과 결과를 제공할 수 있을 것이란 기대를 갖기 마련이다. 이때 보이스 인공지능 관점에서는 이용자의 기대 수준에 대한 적절한 관리가 필요하다. 마치 이용자의 모든 요청에 응답할 수 있다고 자랑했던 애플의 시리보다, 스피커 기능을 전면에 두고 음악이나 전자 제품 제어 등 실행 가능한 기능을 중심으로 외부 개발자 생태계를 활용하여 스킬을 추가해 나가는 아마존의 알렉사가 시장을 선점한 배경에도 이용자의 기대 수준을 적절하게 관리한 측면이 크다고 볼 수 있다. 하지만 인공지능 비서와의 대화에서 매번 "빅스비", "오케이 구글", "알렉사" 등과 같이 깨우기 단어를 불러줘야 하는 어색함은 여전히 존재한다. 사람과의 대화에서는 "알렉사, 커피 마시고 싶어", "알렉사, 근처에 좋은 레스토랑 없을까?"처럼 매 문장마다 상대의 이름을 붙이지는 않기 때문이다. 매끄럽고 연속적인 대화는 보이스 인공지능을 사람처럼 친근하게 느끼게 하기 위해 해결해야 할 주요 과제 중 하나다.

언캐니 밸리

수십 년간 꾸준히 사랑받는 로봇, 〈스타워즈Star Wars〉의 알투디투R2D2는 사람과 전혀 닮지 않았다. 로봇이 팔다리를 갖고 눈마저 깜박거린다면 사람들은 로봇을 더 친숙하게 느끼기 마련이다. 소프트뱅크Softbank에서 내놓은 인기 로봇 '페퍼Pepper'는 하얀 알루미늄 몸체를 가졌지만 사람처럼 인사하고 행동하며, 사람처럼 팔다리도 움직인다. 하지만 만약 로봇이 이보다 더 사람에 가까워진다면 오히려 극도의 혐오감을 불러일으킨다는 연구 결과가 있다. 이러한 현상을 불쾌한 골짜기라는 의미의 '언캐니 밸리uncanny valley'라 부른다. [141]

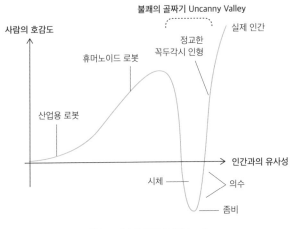

그림 2.7_ 언캐니 밸리, Wikipedia

벤 에반스는 이러한 언캐니 밸리 현상이 보이스 인공지능에도 적용될 수 있다고 본다. [142] 사람들이 보이스 인공지능이 자신과 다른 존재인 기계로서 인식한다면, 기대치가 높지 않아 호감도는 올라갈 수 있다. 하지만 사람과 비슷한 존재로 여기는 순간, 아주 조금만 다른 점을 발견해도 호감도는 극도로 낮아질 수 있다는 것이다.

이용자들은 보이스 인공지능이 가져다 주는 자연스러운 의사소통, 편리한 인터페이스가 제공하는 기능들에 만족하며 점차 기대 수준을 높여갈 것이 분명하다. 그러나 원하는 요청을 수행하지 못하거나 같은 대답을 반복하는 등 기대 수준이 만족하지 못하는 지점에 맞닥뜨리는 순간 이용자들은 실망감과 함께 보이스 인공지능에 대한 호감도를 크게 잃어버리는 또 다른 의미의 언캐니 밸리를 경험할 수 있다.

그럼에도 불구하고 기계의 언어가 아닌 진짜 사람의 언어인 보이스가 인터페이스로 자리잡고 있다는 사실은 여전히 고무적이다. 보이스 인공지능을 매개로 한 앰비언트 컴퓨팅이 앞으로 인간 생활에 가져다 줄 혜택은 무궁무진할 것이다. 다만 이러한 혜택을 마음껏 누릴 수 있기 위해서는 반드시 생각해보아야 할 과제가 있다. 바로, 프라이버시다.

프라이버시의 종말

보이스 인터페이스처럼 물리적인 행동이 필요 없는 소통 수단은 사람들의 삶을 갈수록 편하게 만들어 줄 것이다. 하지만 그 대가에 대해서도 생각해 볼 필요가 있다. 빅데이터의 시대에 이용자 데이터와 개인 정보는 금광에 비유된다. 디지털 기술 기업들은 조금이라도 더 많은 데이터를 확보하기 위해 애를 쓰고 있다. 여기서 인터페이스 진화의 목적이 무엇인지 생각해보지 않을 수 없다. 앞서 살펴본 것처럼 컴퓨터가 이용자의 데이터를 더 많이 수집할 수 있도록 마찰을 최소화시키는 방향으로 인터페이스는 진화하고 있다. 특히 눈에 보이지 않는 인터페이스로 인해 이용자들은 자신의 데이터를 제공하는 것에 대한 거부감이 크게 줄어들거나 데이터 수집을 하는지조차 인지하지 못할 수 있다. 그리고 이렇게 수집한 데이터는 사람들이 기업들의 제품과 서비스에 돈을 더 쓰게 하도록 시스템을 개선하는 데 사용된다. 좀 더 편한 삶을 위한 대가로 소비자들은 수많은 데이터를 제공하게 되는데, 이는 궁극적으로 프라이버시의 종말을 의미한다 해도 과장이 아니다.

보이스 컴퓨팅은 소리와 관련하여 두 가지 측면을 가지는데, 보이스 입력input과 보이스 소비consumption가 그것이다. 보이스 인터페이스 뒤에서 보이지 않는 인공지능은 이용자들의 소리를 모두 들으며 그들의 소리를 소비하고 있다.[143] 이용자는 자신이 스피커에 대고 말하는 입력의 측면만을 중요하게 생각하기 마련이다. 하지만 스피커 뒤의 인공지능은 음성 명령을 듣고 음성 인식 기능의 개선을 위해 수집한 음성 데이터를 기반으로 이용자가 어떤 상황에서 어떤 문장을 어떻게 발음하는지에 대해 끊임없이 학습한다. 그리고 서버에서는 보이스 인공지능을 이용하는 소비자들의 반응을 수집하고 이를 분석한다. 예컨대 부엌에서 요리 레시피를 어떻게 읽어주니 좋아한다든지, 오디오 콘텐츠를 어떻게 제공할 경우 만족도가 높은지 등을 분석해 이용자의 선호도, 습관, 의도 등을 파악하고 이용자가 쉽게 수용할 수 있는 맞춤형 서비스를 제공할 것이다.

또한 시스템을 활성화시키는 명령인 "알렉사"나 "오케이 구글" 등 깨우기 단어를 듣기 위해 에코와 구글 홈은 항상 켜져 있어야 한다. 다시 말해 '올웨이즈 온always on' 상태에 있다. 아마존이나 구글의 공식 주장에 의하면, 깨우기 단어를 부르지 않는이상 데이터는 저장되거나 서버로 전송되지 않는다고 한다. 그러나 소량이라도 데이터가 저장되어 있을 가능성을 배제할 수는 없다. 그리고 일단 활성화된 상태에서는 모든 오디오 데이터가 보이스 인공지능 서비스 제공자의 클라우드 서버로 전송되고 필요에 따라 저장된다는 점은 분명하다. 일부 에코 이용자들은 "알렉사"라고 말하지 않았음에도 알렉사가 깨어난 오싹한 경험을 공유하기도 한다.[144] 다시 말해 이용자가 모르는 사이 보이스 인공지능 서비스가 활성화되어 클라우드 서버에 오디오 데이터를 전송하고 있을 가능성을 완전히 배제할 수 없다.[145]

2016년 12월 미국 아칸소 주 경찰 당국은 살인 사건을 수사하기 위해 아마존에게 피의자가 사용하던 에코의 오디오 데이터 제공을 요청했다. 아마존은 계정 정보와 구매 이력을 제공했지만, 오디오 데이터의 제공은 수정헌법 제1조에 위반된다며 두 차례 거부했다. 수개월 뒤 용의자가 본인의 결백을 증명하기 위해 동의하자 그제서야 아마존 서버에 저장된 데이터를 제공했다. 경찰 당국은 알렉사가 우연히 활성화되어 살인이 일어났을 당시의 중요한 상황들이 일부 녹음되었을 가능성을 염두에 둔

것이다.[146]

이렇듯 이용자들은 자신의 음성 명령 기록뿐만 아니라 주변에서 이루어진 대화 내용부터 청소기 돌리는 소리나 TV 시청 소리와 같은 다양한 오디오 데이터가 이용자가 예측하지 못했던 방식으로 활용될 수 있음을 알아야 한다. 앰비언트 컴퓨팅이 보다 진화한다면, 특정 동작이나 얼굴 표정, 심장 박동 수, 심지어는 생각만으로도 시스템을 활성화시킬 수 있다. 그만큼 관련 서비스를 제공하는 기업은 막대한 데이터를 수집할 수 있다. 가까운 미래에 이용자들은 편리한 삶을 누리는 대가로 주변 사물들로부터 끊임없이 일거수일투족을 관찰당하며 자신에 대한 데이터 수집을 용인하거나, 프라이버시를 지키기 위해 불편함을 선택해야 하는 양자 택일의 상황에 놓일 수 있다.

또한 기업에 의해 수집된 데이터는 수사기관 등 국가나 해커들의 손에 넘어갈 위험을 가지고 있다. 아칸소 주 살인 사건 사례에서도 확인할 수 있는 것처럼 현행법상으로는 수사기관이 어떤 목적으로 얼마만큼의 정보를 제공받을 수 있는지에 대한 기준이 불분명하다.[147]

희망이 있다면, 구글이 공개한 연합 학습 시스템과 같이 프라이버시 보호를 기술적으로 해결하기 위한 노력 또한 존재한다는 점이다(1부의 '구글의 한 수, 개별화된 머신 러닝' 참조). 연합 학습에서는 이용자의 행동을 기록하여 더 나은 서비스를 제공하는 일이 서버가 아닌 이용자의 기기 안에서 처리된다. 그리고 학습된 결과값만 요약해서 암호화된 통신을 통해 클라우드로 전송되는 것이 연합 학습의 핵심이다. 요약된 결과값이 반영되어 다른 이용자들의 결과값과 함께 즉시 평균화되기 때문에 어떤 이용자가 자신의 스마트폰을 어떻게 사용하는지와 같은 정보는 클라우드에 저장되지 않는다. 이 기술은 아직 극히 일부분의 앱에서 테스트되고 있지만, 이러한 머신 러닝 방법의 개선이 프라이버시 보호에 긍정적인 신호를 보내고 있는 것은 분명하다.

그러나 데이터가 요약되거나 암호화되어 안전하게 전송된다 하더라도, 스피커 등 기기 자체가 해킹당할 위험성은 여전히 배제할 수 없다. 스피커를 포함한 스마트 기기는 클라우드에 기반한 인공지능 시스템에 연결되어 지속적으로 온라인 상태를 유지하고 있기 때문에 해킹에 취약하다. 만약 스피커를 해킹한다면 해커는 이용자의 모든 소리를 엿들을 수 있기 때문이다.

음성 인터페이스를 포함한 다양한 앰비언트 컴퓨팅 기술이 인류의 일상에 통합된다면, 비단 프라이버시에 대한 위협뿐 아니라 이 기술이 가져올 다양한 위험에 대비하기 위한 사회적 논의가 절실하다. 앰비언트 컴퓨팅 환경에 대한 공적 감시 체계를 구축하고 이를 모두의 유익을 위하는 방향으로 운영하는 일은 어쩌면 마찰 없는 매력적인 기술을 개발하고 발전시키는 일보다 더 큰 도전일 수 있다.

넘어야 할 산: 인증과 결제

마찰 없는 상거래와 금융 서비스는 보이스 퍼스트 생태계의 핵심이다. 보이스 인공지능 서비스가 대중화된다면 결제나 은행 거래는 결코 이전과 같지 않을 것이다. 로엠밀은 보이스 인공지능 서비스가 만약 마찰을 최소화하는 결제를 실현할 수 있다면, 그것은 혁명이 될 것이라고 말한다.[148]

"알렉사, 캐피탈 원Capital One에게 내 계좌 잔고를 물어봐 줘."
"알렉사, 캐피탈 원의 신용카드로 결제해 줘."

캐피탈 원은 수많은 알렉사의 스킬 중 현재 유일하게 계좌 조회와 신용카드 결제를 지원하는 스킬이다. 내가 지난 달에 스타벅스에서 얼마를 썼는지, 자동차 할부금은 얼마나 남았는지 조회할 수 있다. 민감한 금융 정보를 보이스 인공지능 서비스에 통합하는 일은 기술적으로는 간단한 일이지만, 그동안 아무도 시도하지 않은 일이다. 2015년 여름 금융회사 캐피털 원의 엔지니어들은 알렉사를 사용하여 금융 계좌에 접근하는 기술의 개발 가능성을 인식했다.[149] 그 이후 아마존 개발자들과 캐피털 원의 엔지니어들은 해커톤hackerton 형식으로 함께 모여 다양한 가능성을 타진하고 관련 기술을 연구해 왔다. 이들은 캐피탈 원 모바일 앱에 금융 계정을 연결하는 인터페이스와 이를 지원할 수 있는 아마존 웹서비스 인프라를 만들어 2015년 10월 AWS re: Invent 컨퍼런스에서 베타 버전을 시연했다. 알렉사에서 작동하는 캐피탈 원의 스킬은 이용자가 자연스러운 대화 방식으로 금융 정보를 조회할 수 있도록 설계되었고, 이 스킬을 통해 알렉사는 때때로 따뜻하고 유머러스하게 고객과 대화할 수 있는 능력을 선사받았다. 문제는 알렉사가 작동하는 공간인 아마존 에코는 많은 경우 가족들이 공유하는 곳에 위치하며, 사람의 목소리를 아직 구별하지 못한다는 점이다. 이러한 문제를 개선하기 위해 현재 알렉사 팀은 '보이스 프린트'와 음성 ID 기능을 개발 중에 있으며, 이것이 [150] 향후 결제를 위한 인증 도구가 될 수 있을지 여부가 주목된다. 캐피탈 원은 스킬이 제공하는 모든 서비스를 암호화했고, 이용자가 알렉사를 통해 캐피탈 원 스킬을 사용할 때마다 네 자리 수의 개인 키 값을 요구한다. 그럼에도 불구하고 개인 금융 계좌 내역 등 민감한 금융 정보들이 매번 아마존 클라우드로 흘러 들어가는 것은 피할 수 없다. 개인 정보와 보안이 충돌하는 지점이다. 아마존, 구글, 삼성전자 등은 보이스 인공지능 서비스와 관련해 개인 정보 보호를 위해 분명 노력할 것이다. 그러나 인류 다수의 금융 정보, 생체 정보 등 개인 정보가 소수의 특정 기업에 의해 저장, 관리되는 것이 타당한지에 대한 의문은 남을 수밖에 없다. 이와 관련된 사회적 규칙을 논의하는 장을 어떻게 만들고 운영할지 결정하는 일은 보이스 퍼스트 월드로 들어가는 열쇠이기도 하다.

3

보이스,
세상을
먹어
치우다

"지금의 AI 기술은

야구 경기에서 이제 막 첫 번째 타자가

타석에 들어선 것과 같다"

– 제프 베조스, 2016, 6.8. 모스버그와의 인터뷰에서

정보 습득 매개체 보이스,
OS가 되다

모바일 퍼스트에서 보이스 퍼스트로

아이폰이 세상에 등장한 지 10년이 되었다. 벤 에반스는 2007년 이후 9년간 모바일이 바꾼 산업 지형도를 상세한 데이터로 소개하며, "모바일이 세상을 먹어 치우고 있다"고 표현했다.[151] 사람들은 세상의 모든 통로가 모바일을 통해 이루어지게 되었다며, 이를 모바일 퍼스트mobile first라고 불렀다. 소비자들의 삶을 지배하는 인터페이스가 바뀌면서 산업의 플레이어도 교체되었다. 사람들은 TV 앞에 앉는 대신 유튜브Youtube 동영상을 시청하고, 소셜미디어로 뉴스를 소비함으로써 전통 방송사와 데스크 권력에 타격을 입혔다.[152] 페이스북은 새로운 미디어 강자로 등장했고, 왓츠앱Whatsapp과 같은 메신저가 기존 통신사가 독점하던 기능을 대체했다. 우버는 사람들이 택시를 이용하는 방식을 바꾸고 전통 택시 산업의 판도를 바꾸었다. 모바일 쇼핑은 기존의 월마트와 같은 전통적 오프라인 유통 기업에 충격을 주었고, 무한 매대를 갖춘 온라인 쇼핑의 등장으로 기존 매대 권력[153] 질서에도 균열이 일어났다.

SNS로 현장에서 올리는 뉴스들은 개인들이 기존 뉴스보다 빠를 수 있다는 사실을 증명했다. 언제 어디서나 인터넷에 접속할 수 있다는 것은 사람들이 언제나 연결되어 있을 수 있다는 것을 의미하며, 인터넷을 쓰기 위해 책상 앞에 앉아야 할 필요가 없다는 사실은 공간적 제약을 무의미하게 만들었다. 사람들의 인터넷 접속 시간이 늘어나면서 엄청난 데이터가 생성되었다. 미디어 소비는 폭발적으로 증가했고 새로운 광고 시장이 열렸다. 이것이 지금까지의 모바일 퍼스트 시대의 모습이다.

그런데 에반스는 이러한 모바일 플랫폼의 성장세조차도 서서히 S자 곡선을 그리면서 정체기를 맞이할 수 있다고 보았다. 구글과 마이크로소프트는 AR과 VR을 위한 장치들을 출시하면서 모바일 시대 이후를 준비하기 시작했다. 오늘날 평균적인 스마트폰 이용자들은 42개의 앱을 깔아두고 있지만, 그중 아홉 내지 열 개의 앱에 90퍼센트를 소비한다.[154] 25퍼센트의 앱은 단 한 번만 사용된 채[155] 이용자의 75퍼센트가 3개월 이내에 떠난다고 한다.[156] 이용자의 홈 스크린은 이제 거의 고정되어 있다. 앱은 새로운 서비스를 추가하기 위한 좋은 수단이 아니다. 그렇다면 새로운 플랫폼이 필요하다.

이렇게 포화된 모바일의 자리를 빠르게 잠식하고 있는 새로운 플랫폼이 바로 보이스다. 싱가포르 소재의 아틀랜틱 캐피털 Atlantic Capital의 투자 파트너 가우라브 샤르마Gaurav Sharma는, 위챗

Wechat의 경우처럼, 메신저가 플랫폼이 되고 챗봇이 새롭게 앱 기능을 대신하는 현상이 보편화될 것이라고 진단한다.[157] 스크린 속에서 정해진 UI를 활용하는 대신, 대화형 인터페이스가 빠르게 확산되는 셈이다. 이런 대화형 인터페이스의 정점에 바로 알렉사가 있다.

이 장에서는 알렉사가 어떻게 단순한 인터페이스 수단이 아니라 운영체제Operating System, OS로 진화하게 되었는지의 과정과, 알렉사를 중심으로 보이스 인터페이스가 현재 우리의 삶을 어떻게 바꾸고 있는지 살펴보기로 한다.

OS를 갖는 자가 생태계를 지배한다

OS는 일관된 인터페이스를 통해서 여러 응용 프로그램 application들이 스마트폰, PC와 같은 컴퓨터 하드웨어 리소스에 쉽게 접근할 수 있게 해 주는 도구이다. 개념은 이처럼 상대적으로 간단하지만, OS는 하드웨어와 소프트웨어의 중심에 있기 때문에 테크 기업들에게 특별히 매력적이다([그림 3.1]).

영향력 있는 테크 블로그 스트라테처리Stratechery의 에디터 벤 톰슨Ben Tompson은 OS의 특징을 다음과 같이 세 가지로 꼽았다.[158] 첫째, OS는 하드웨어를 추상화한다. 하드웨어 공급업체의 경쟁 영역을 '기능'이 아닌 '성능'으로 축소시키고, 심지어는 하드

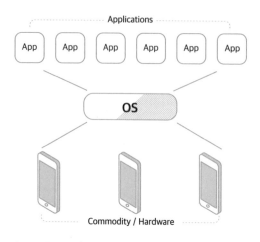

그림 3.1_ 운영체제(OS) 관계도, 스트라테체리(Stratechery) 참조

웨어를 OS에 묶이도록lock-in 만든다. 이로 인해 하드웨어 업체들이 경쟁하면서 성능이 우수해지면, 하드웨어는 범용화commodity 되고 OS가 가치사슬의 이익 대부분을 확보한다. 둘째, OS는 소프트웨어에 일관된 인터페이스를 제공함으로써 네트워크 효과[159]를 창출한다. OS 이용자가 늘어날수록 해당 OS 기반으로 개발된 응용프로그램이 늘어나고, 이는 더 많은 이용자와 개발자를 끌어들인다. 셋째, OS는 이용자와의 직접적 인터페이스를 통해 이용자에 대한 관계, 즉 데이터를 확보하게 되는데, OS는 이것을 둘러싼 생태계ecosystem를 만듦으로써 엄청난 가치를 창출한다.

퍼스널 컴퓨터가 대중화되었을 당시, 컴퓨터 제조업체들이

표 3.1_ OS 승자의 공통점

	MS윈도우	구글 안드로이드	페이스북
가치 사슬의 우위	PC 보급 초기에 OS로서의 독점적 지위와 가치 확보	대다수 웹사이트 접속이 검색을 통해 이루어지면서 OS로서의 지위 확보	20억 명 이상의 이용자가 페이스북과 인스타그램을 사용, 콘텐츠 생산자들은 페이스북이 선호하는 포맷으로 자신들의 콘텐츠를 배포하게 됨
네트워크 효과	PC 판매량 증가에 따라 더 많은 개발자와 응용프로그램 양산	검색 품질 우위에 따라 이용자와 데이터 간 상호 작용으로 검색 품질은 더 향상, 이에 따라 이용자가 더 늘어나는 이용자 선택 독점	이용자의 '아는 사람', 즉 인맥을 통한 확산
이용자 관계 소유, 생태계 창출	이용자와의 관계 소유로 오피스(Office) 프로그램과 윈도우 서버 제품으로 비즈니스 가치 확장	구글 이용자 관계를 활용하여 자체 제품군, 인수 기업 확대	20억 명의 이용자가 누구이며, 무엇을 좋아하는지에 대해 다른 누구보다 더 나은 데이터를 가지고 있으므로 이를 통해 페이스북 비즈니스 모델 자체가 엄청난 수익이 됨

서로 경쟁함으로써 이익을 본 것은 OS를 가진 마이크로소프트다. 이용자들이 윈도우가 더 잘 구동되는 더 나은 컴퓨터를 갖게 되기 때문이다. 그렇게 컴퓨터 사용자가 늘어나면서 더 많은

소프트웨어 생산자들이 나타났다. 이러한 네트워크 효과로 윈도우의 영향력은 더 커졌다. 그리고 이용자와의 관계를 소유했기 때문에 윈도우 서버나 오피스와 같은 자사 소프트웨어로 이용자들을 끌어들일 수 있었다. 바로 이런 이유 때문에 테크놀로지의 역사는 OS 소유의 역사라고도 한다. OS의 변화가 산업 판도를 크게 바꾸고 새로운 승자를 만들어내는 핵심이 되었다. 마이크로소프트가 PC의 OS였다면, 인터넷의 OS는 구글이었고, 모바일의 OS는 안드로이드와 iOS를 소유하고 있는 구글과 애플이었다. 그리고 모바일 미디어 시대로 들어오면서 페이스북이 미디어의 OS가 되면서, 막대한 이윤과 가치를 독점하는 테크놀로지 산업의 리더가 되었다.

아마존은 어떻게 알렉사를 OS화하려고 하는가

2015년, 아마존은 보이스 기반의 개인 비서 에코를 출시했다. 음악을 틀어주고, 시간을 알려주고, 아마존닷컴에 물건을 주문하는 이 간단한 디바이스가 일으키는 파장은 단지 보이스로의 인터페이스 전환만이 아니다. 핵심은 에코에 탑재된 알렉사가 보이스 테크놀로지 OS로 발전하고 있다는 점이다. '세상의 모든 것을 자기 생태계 안'에서 팔고자 하는 아마존의 락인lock-in 전략을 가장 효과적으로 구현할 수 있는 인터페이스 수단이 보이스이기도 하다.

[표 3.2]에 설명한 바와 같이 아마존 알렉사는 가치사슬의 우위를 점령하고 이용자와의 관계를 소유했으며, 새로운 생태계를 만들고 네트워크 효과를 얻어내면서 기존에 OS가 되었던 플랫폼의 조건을 착실히 쌓아 나아가고 있다. 그리고 2017년 8월, PC 시대 OS를 대표한 마이크로소프트와 아마존이 보이스 인공지능에서의 협업을 공식 선언함으로써 OS 전쟁은 새로운 국면을 맞게 되었다.

표 3.2_ OS로서의 알렉사

가치사슬의 우위	아마존은 에코를 2014년 출시 당시부터 간단한 명령을 수행할 수 있는 스마트 스피커라고 소개함으로써, 기대 수준을 낮춤과 동시에 보이스 인터페이스가 가지는 간결한 서비스를 통해 에코가 널리 받아들여지도록 했다. 이로써 2015년 250만 대였던 에코의 판매량은 2017년 1,100만 대 이상으로 늘어났다.[160] 2018년에는 이용자와 테크놀로지 간의 인터페이스의 30퍼센트가 보이스가 될 것이라는 가트너 예측을 고려하면 알렉사가 현재로서는 가장 우월한 OS 로서의 지위를 가질 것이라 예상된다.
네트워크 효과	2014년 출시 한달 후 바로 외부 개발자들이 알렉사 플랫폼을 사용할 수 있도록 '스킬(skill)'을 공개하여 6개월 만에 5천 개의 스킬이 생겨났다. 이후 알렉사 스킬스 키트와 알렉사 보이스 키트를 발표하여 알렉사와 연계하는 애플리케이션 및 알렉사가 탑재된 디바이스가 점차 확대되었다.
이용자 관계 소유, 생태계 창출	아마존 닷컴의 프라임 이용자를 기반으로 한 알렉사는 전등 끄기에서 신용카드 대금 납부 등 알렉사를 활용한 점점 더 '스마트'한 상품의 생산에 따라 이용자와의 관계를 더 공고히 하고 있다.

보이스는
어떻게 삶을 바꾸는가

보이스는 공간을 재정의한다

90년대 중반, 가족들이 모두 둘러앉아 TV 쇼를 즐기거나 야구 경기를 보며 박수치는 풍경은 어디서나 볼 수 있었다. 하지만 오늘날 이러한 풍경을 찾아보기란 쉽지 않다. 대신 같은 공간에 있으면서도 모여 앉은 각자가 스마트폰이나 태블릿을 쳐다보고 있는 광경은 흔히 접할 수 있는 모습이다. 오늘 만약 가족끼리 둘러앉아 야구 경기나 TV 쇼를 보고 있다면 그것이 오히려 흥미롭게 받아들여질 현상일 것이다.

모바일 스크린은 개인적 경험이지만, 거실에 놓인 스피커는 가족이 공유한다. 일곱 개의 마이크를 가진 인공지능 음성비서 스피커는 사람들에게 보다 사회적인 경험을 하게 해준다. 모바일뿐 아니라 차세대 인터페이스 기대주였던 VR이나 AR 역시 여전히 시각적 경험에 갇혀 있다. 시각적 경험은 공유하는 데 제약이 있지만, 같은 공간에서 스피커와 대화하는 목소리는 모두에게 공유된다. 사람들은 장치를 붙들지 않고 자연스럽게 대

화하며, 이것은 다시 한번 아날로그적 세계로 회귀하는 경험을
줄 수 있다.

예를 들어 '제퍼디!'는 알렉사가 퀴즈를 내면 이용자가 문제를
맞추는 비교적 간단한 스킬이다. 알렉사의 스킬 중 가장 인기 있
는 스킬이기도 하다. 가족끼리 저녁 시간에 둘러앉아 제퍼디!를
불러내 퀴즈 게임을 하는 풍경은 상상하기 어렵지 않다. 과거 TV
퀴즈 쇼를 함께 보던 풍경에 다름 아니다. 이 밖에도 알렉사의 스
킬중에는 여럿이 함께 즐기는 흥미로운 스킬들이 많다. 알렉사는
모두의 목소리를 들으며, 모두에게 이야기한다. 스크린은 부속 장
치일 뿐이지만, 보이스 인터페이스는 사람들이 실제 살아가는 공
간을 정의한다.161 이것은 개인화되고 쪼개졌던 사람들의 시공간
을 다시 사회적 공간으로 불러모으는 변화이기도 하다.

보이스는 시간을 재정의한다

많은 사람들이 모바일 장치를 사용하여 작업을 하는 동시에
채팅을 하고, 밥을 먹으면서 미디어를 소비한다. 모바일이라는
인터페이스는 여러 가지 멀티 태스킹을 가능하게 했다. 2011년
이후 사람들의 미디어 소비량은 점점 늘어나고 있다.162 그런데
인터페이스가 보이스라면 어떨까? 우리가 스마트폰을 손에 쥐
고 게임을 하면서 동시에 요리를 할 수는 없지만, 음성으로 게

임을 하면서는 요리를 할 수 있다. 스마트폰에 메시지를 입력하면서 청소를 할 수는 없지만, 음성으로 트윗을 할 수 있다면 모바일로는 불가능했던 많은 것들이 가능해진다. 출근 준비를 위해 화장하면서 전자책을 음성으로 들을 수 있다는 것은 매력적인 일이다. 보이스 인터페이스는 핸즈 프리의 장점을 이용하여 더 많은 멀티 태스킹을 가능하게 한다. 이것은 사람들로 하여금 더 많은 '시간'을 활용할 수 있게 한다는 것을 의미한다. 갈수록 뉴스, 책, 음악, 기타 콘텐츠 등 미디어 소비량이 훨씬 더 증가할 것이라 예측할 수 있다. 또한 보이스는 거리를 걷는 동안 스크린이 시야를 가리는 데 따른 위험과 불편을 제거해준다.

글로벌 디지털 분석 기관 버토Verto에서 나온 〈기계의 부상: 인공지능으로 구동되는 개인 비서가 디지털 소비자 행동에 미치는 영향Rise of the Machines: How AI-Driven Personal Assistant Apps Are Shaping Digital Consumer Habits〉[163]에 의하면, 사람들은 이동 시간에 음성비서를 많이 이용한다고 조사되었다. [그림 3.2]의 그래프에서 낮 12시, 그리고 저녁 6시에서 7시 사이에 이용량이 늘어 뾰족하게 나타난 특이한 현상을 볼 수 있다. 낮 12시는 점심 시간, 그리고 저녁 6시 무렵은 퇴근 시간이다. 즉 어디론가 걸어가거나, 이동하면서 자판을 두드리는 대신 음성비서를 많이 이용하는 것이다. 이 시간대에 이루어지는 음성 서비스는 주로 스마트폰을 이용한 것으로, 보고서는 오후 6시가 넘어서는 퇴근 후 집에 있는 에코나 구글 홈을 사용하였기 때문에 사용량이 줄어든 것으로 해석한다.

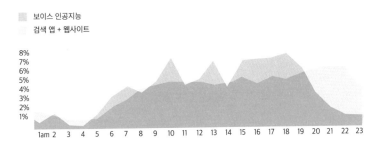

그림 3.2_ 시간에 따른 이용자들의 일반 웹 서치 앱 사용 현황과 보이스 인공지능 사용량의 변화. 버토

보이스, 배움과 놀이를 재정의할 수 있을까

카세트와 MP3, 팟캐스트Podcast와 오디오북. 오디오 콘텐츠는 어학 공부에 있어 여전히 유용한 수단이다. 그런데 만약 내가 말한 단어가 틀렸을 때 교정해주거나 적절하게 연습할 수 있도록 훈련시켜주는 도구가 있다면 학습이 훨씬 효율적일 것이다.

보이스로 이루어지는 대화형 인터페이스는 일방적이었던 영상 강의나 오디오 콘텐츠에 양방향 인터랙션interaction이 생긴다는 것을 의미한다.

알렉사에서 가장 인기 있는 스킬의 한 축은 어린이 교육용 스킬이다. 단어의 스펠링을 맞추는 '스펠링 비Spelling Bee'는 가장 단

3
보이스, 세상을 먹어 치우다

155

순하면서도 오프라인 스펠링 비의 경험을 보이스 인공지능 기기로 옮겨 온 것이다. '어메이징 워드마스터Amazing Word Master'처럼 단어를 맞추는 놀이도 있다. '매스 마니아Math mania & 1-2-3 Math'는 퀴즈 알고리즘을 이용하여 기초 수학의 학습을 돕는다. '더 매직 도어'는 아이들이 스토리텔링을 상상하며 따라하는 놀이로 상상력과 창의력을 자극해 인기가 높다. 알렉사 스킬 중에는 프랑스어나 스페인어 학습 스킬도 상당수 등장했다. 보이스 인공지능이 조금 더 개별화되고 알고리즘이 발달한다면, 동영상에서는 불가능했던 인터랙션을 통한 1대1 과외 학습의 효과를 줄 수 있다. 보이스 인공지능이 어학에 있어서의 사교육이나 아이들 과외의 일부를 대체할 가능성을 배제할 수 없는 이유다. 게임 또한 보이스 인터페이스 시대에 여전히 인기 높은 콘텐츠이다. 앞서 언급했던 퀴즈 게임 '제퍼디!'와 배트맨 어드벤처를 보이스와 사운드로 구현한 '웨인 인베스티게이션The Wayne Investigation'은 가장 높은 다운로드 수를 기록하는 알렉사 스킬 중 하나다.

수수께끼 게임 또는 교육 콘텐츠가 보이스 인공지능 초기에 많은 다운로드 수를 기록한다는 것은 데이터를 축적하는 인공지능 기업 입장에서는 게이미피케이션gamification의 방식으로 기반 데이터를 모으고 있다는 것을 의미한다. 사람들은 수수께끼를 통해 자연스럽게 인공지능에게 데이터를 제공한다. 수수께끼나 잡담은 심심한 인간들에게 재미를 주면서 한편으론 인공지능의 학습에 기여하게 될 것이다. 단, 보이스를 통한 교육 콘텐츠가 힘을 발휘하려면 해당 보이스 인공지능에 입출력(특히 입력)되는 언어 분석이 제대로 되어 있어야 단순한 문제 은행 수준을 벗어날 수 있다.

.

정보를 접하는 경험의 변화:
브라우징 → 서치 → 노-서치

쇼핑 정보 공간, 마트 매대에서
인터넷 브라우징으로 옮겨가다

2016년 아마존 에코 이용자들이 아마존에서 물건을 구매하는 건수가 10퍼센트 증가했다. 아마존 에코 이용자의 대다수는 프라임Prime 멤버이고, 아마존 프라임 회원의 1인당 평균 지출액은 연간 1,500달러 수준이다. 이는 에코 이용자가 구매 횟수를 늘리는 것만으로 아마존은 1인당 연 150달러 정도의 추가 수익을 얻는다는 것을 의미한다. 2017년 초 알렉사가 활성화된 기기는 천만 개 정도이고, 이 중 절반인 5백만 명이 연 150달러 이상 지출한다고 가정하면, 아마존은 7억5천만 달러의 추가 수익을 얻게 되는 셈이다.[164]

보이스 디바이스가 정보의 주요 매개체가 된다는 것은 정보를 접하는 소비자 경험 또한 획기적으로 변한다는 것을 의미한다. 오프라인 스토어 시대에는 큰 매대를 가진 유통업체에게, 또한 유통업체와 긴밀한 관계를 통해 매대를 장악한 몇몇 제조사들에게 쇼핑 정보에 대한 헤게모니가 있었다. 그러다 온라인 쇼핑이 등장하고 아마존이라는 온라인 유통 공룡이 등장하면서 상황은 반전되었다. 벤 톰슨은 〈스트라테체리〉에 기고한 글에서, 이미 2014년에 P&G와 같은 브랜드 권력이 인터넷과 같은 테크놀로지로 인해 저렴한 가격으로 경쟁해야 하는 상황이 발생하면서, 브랜드 파워를 잃었다고 분석하기도 했다.[165]

2016년 〈월스트리트 저널〉은 '월마트-P&G의 100억 달러짜리 골칫거리 결혼'[166]이라는 제하의 기사를 통해 이런 소비자 경험의 변화가 가져온 결과를 좀 더 자세히 분석했다. 다국적 생필품 업체 P&G는 타이드, 페브리즈, 질레트, 듀라셀 등의 브랜드 파워와 매대 권력으로 오랫동안 시장을 장악해 온 기업이다. 그런데 온라인 쇼핑이 증가하면서부터 P&G는 2014년 180개 생필품 브랜드 가운데 100개를 버리는 대규모 구조 조정을 단행했다. 온라인 쇼핑의 저가 공세에 못 이긴 월마트가 P&G를 비롯한 생필품 업체에게 더 낮은 가격으로 납품할 것을 요구하며 수익성이 나빠진 것이 한 가지 요인이었다.

그러나 온라인 쇼핑의 확산은 더 근본적 변화를 불러오고 있었다. 쇼핑 형태가 매장 브라우징browsing에서 '웹사이트 브라우징, 사이트 서치'로 급격히 옮겨가기 시작한 것이다. 온라인 쇼핑에서는 추천, 후기, 별점, 리뷰가 브랜드가 제공하던 신뢰를 대체했다. 당연히 소비자 입장에서는 후기가 좋은 저렴한 중소기업 상품이 있다면 굳이 값비싼 브랜드 상품을 구입할 이유가 없다. 이런 현상은 한국에서 더 먼저 일어났다. 2009년에 국내에 등장한 "마트 대신 옥션"이라는 광고 카피는 생필품 시장의 큰 변곡점이었다. 기저귀와 분유를 구매하는 아이 엄마들 사이에서 인터넷이 싸다는 소문이 퍼지면서 국내 소비자들의 소비 성향이 빠르게 온라인으로 옮겨갔다. 분유를 예로 들면, 2013년에서 2015년 사이 오프라인 매출은 38퍼센트 감소한 반면, 온라인 매출은 75퍼센트 궁금했다.[167]

보이스, 검색 자체가 불필요한 쇼핑 경험

인터넷의 편의성을 확인한 소비자들의 검색 패턴은 더 단순해졌다. 뉴욕대학의 마케팅 교수이자 L2의 창립자 스캇 갤러웨이Scott Galloway는 "간편한 것을 원하는 소비자들이 온라인 구매가 익숙해지면서 제품의 종류만 검색하고 브랜드를 검색하지 않는 경우가 점점 증가하고 있다"고 말한다.[168] 예를 들어 '타이드'나 '듀라셀'을 검색하는 대신 '세제'나 '배터리'를 검색하는 성향이 더 늘어나고 있다는 것이다. 이런 상황에서 사람의 음성만을 이용해 제품을 검색하는 경우 브랜드 제조업체의 입지는 어떻게 될 것인가?

"알렉사, 배터리를 구매해 줘"라고 요청하면 알렉사는 아마존 알고리즘이 선택한 한두 개의 배터리를 제안한다. 물론 아마존 웹사이트에서 배터리를 검색해 나오는 제품들은 수십 가지가 있다. 그러나 아마존 프라임 가입자들이라면 여러 가지 이유—다시 스크린을 켜기 귀찮거나 어차피 프라임을 활용한다는 이유, 알렉사가 추천한 상품이라면 그럭저럭 괜찮을 것이라는 믿음—때문에 몇 달러 절약을 위해 비교하기보다는 알렉사의 추천 상품을 사게 될 가능성이 높다. 아마존은 PB private brand(자체 브랜드) 상품 비중을 점점 높이고 있다. 명백한 브랜드 선호도가 있지 않은 한, 월마트가 좋은 위치의 매대에 자체 브랜드를 점차 늘려갔던 사실을 반추해본다면, 아마존 또한 자신들의 PB 상품을 보이스 매대에서 최우선으로 추천할 가능성이 높다고 볼 수 있다. 즉, 알렉사를 이용한 보이스 쇼핑의 등장은 아마존에게 상품 진열의 절대적 우선권을 부여해준다고 해석할 수 있다. 이러한 권력의 이동을 주목해야 하는 까닭은, 다음과 같은 데이터 기반 가격 결정 체계의 특징 때문이기도 하다.

가격 민감도의 감소

보이스 디바이스의 마찰을 줄이기 위한 노력에 따라 소비자들은 더 많은 개인의 취향과 관련된 데이터를 유통업체에게 넘겨주게 된다. 아울러 마찰 없는 음성 인터페이스에 익숙해지면 소비자들은 일단 쉽게 가격을 비교하지 못한다. 스크린상에서 많은 선택지를 보며 고르던 때와 달리, 보이스 인터페이스는 대부분 한두 개의 '제안'을 해준다. 소비자들은 제안된 가격이 뚜렷이 거부할 만큼 높지 않은 이상, 그 제안 범위에서 구매하게 될 가능성이 높다. 특히 비누, 세제, 휴지, 배터리와 같은 일상 소모품은 소비자들이 별다른 고민 없이 구매하는 영역이므로 거부 반응이 더 적을 수 있다.

실제로 갤러웨이는 알렉사가 제안해준 배터리 가격이 아마존 웹사이트에서 볼 수 있는 가장 저렴한 배터리 가격보다 비싸다는 점을 지적하며, 알렉사를 통한 음성 구매가 소비자에게는 최선이 아닐 수도 있다고 이야기한다.[169] 보이스 기술의 발전으로 가격 선택권이 소비자에서 아마존이라는 유통업체로 넘어갈 수 있음을 상징적으로 보여주는 사례이다.

이렇게 모바일에서 보이스로 넘어가는 변화에서 소비자들의 가격에 대한 민감도가 줄어든다는 사실은 주목할 필요가 있다. 특히 음성 인터페이스 외에도 다양한 경로로 소비자 개개인의 데이터를 수집한 유통업체들은 훨씬 더 고도화된 데이터 분석을 이용하여 소비자 개개인의 소비 성향을 면밀히 파악할 것이다. 분석한 정보를 이용하여 유통업체는 각각의 소비자 제품에 대한 가격 탄력성을 파악할 수 있게 된다. 이는 개인별, 상품별로 유통업체의 이익에 가장 유리한 가격에 판매하는 전략의 실행을 점점 용이하게 해줄 것이다.

에즈라히Ariel Ezrachi와 스투케Maurice E. Stucke는 2016년 그들의 저

서 『가상 경쟁: 알고리즘 기반 경제의 미래와 위험 Virtual Competition: The Promise and Perils of the Algorithm-Driven Economy』에서 기술을 이용하여 소비자에 대한 정보를 더 자세하게 수집한 전자상거래 e-commerce 업체들이 어떤 식으로 동일한 상품을 소비자에 따라 다른 가격에 팔아왔는지 조사했다. 물론 개인 데이터의 추적과 수집을 통해 유통업체들이 감성적인 호소와 함께 적당히 높은 가격에 제품을 판매할 수 있음은 누구나 예상할 수 있다. 하지만 저자들은 거기서 더 나아가 전자상거래 업체들이 다른 소비자에게 각각 다른 가격을 부과할 수 있다는 사실을 밝혀냈다. 개인 데이터가 더 정교하게 축적되면 개별 고객이 기꺼이 지불하고자 하는 액수를 추정할 수 있다. 예를 들어 개개인에 따라 선호도가 다른 립스틱이 있다고 해보자. 이 립스틱이 어떤 고객의 특별한 구매 욕구를 정확히 반영하고 있다면 그 고객에게 더 높은 가격을 제시할 것이고, 그 외의 사람들에게는 저렴한 가격으로 유혹할 것이다.[170] 그리고 이러한 가격 차별 판매는 보이스 검색, 보이스 쇼핑에서 훨씬 쉽게 가능할 수 있다.

물론 개인별로 상이한 가격으로 판매하는 것은 반독점법 위반이라는 이슈를 불러일으킬 수도 있지만, 만약 업체가 "탄력적인 가격 정책이 소비자에게도 많은 혜택을 준다"는 주장을 내세운다면, 이러한 가격 정책은 저항 없이 널리 받아들여질 수도 있다. 결국 소비자들은 유통업체가 정하는 가격을 따를 수 밖에 없는 '프라이스 테이커 price taker'의 운명이 될 수도 있음은 생각해 볼 만한 사실이다.

보이스로 쇼핑 경험의 한계를 넘겠다:
식품과 패션 정복을 위한 아마존의 야심

"아마존은 핸드폰이나 인터넷이 연결된 TV 셋톱박스를 선보이게 될까? 그렇다. 아마존은 자기 고객들이 경쟁자 하드웨어에 전적으로 의존하지 않고도 고객들이 사용하는 인터넷 연결 기기에서 아마존 서비스를 사용하길 원하기 때문이다."[171]

— 브래드 스톤, '아마존, 세상의 모든 것을 팝니다The Everything Store' 중

2012년에 미국에서 출간되어 2014년 한국어로 번역 출간된 『아마존, 세상의 모든 것을 팝니다』라는 책은 제목 그대로 모든 상품과 서비스를 취급하고 그것을 연결하는 모든 기기도 직접 만들어 독점하고 싶어하는 아마존의 욕망을 다룬다. 에코 룩과 에코 쇼는 아마존의 이런 야심의 중간 단계에 있는 기기들이다. 2017년 5월 발표된 에코 쇼는 기존 음성 인식 에코에 터치 스크린을 달았다. 감시 카메라와 화상 회의가 가능하다. 7인치 터치 스크린, 5메가 픽셀 카메라, 듀얼 밴드 와이파이, 블루투스, 듀얼 2인치 스테레오 스피커가 달려 있다. 에코와의 차이는 우선 뉴스를 비디오로도 볼 수 있다는 점이다. 싱크대 눈높이에 달려 있는 TV 채널을 설거지 도중 물 묻은 손으로 돌릴 필요 없이 "알렉사, CNN을 틀어 줘"라는 명령으로 조정할 수 있다. 스크

린이 붙은 위력은 대단하다. 스크린을 통한 화상 통화, 문자 메시지의 확인 및 답장도 가능하다. 카메라를 설치한 곳(아이 방, 초인종 구역 등)을 감시할 수도 있다. 스케줄 관리도 가능하다. 음악 재생은 물론 동시에 가사를 확인할 수 있고 스마트 홈 기기 제어에 비주얼 정보가 추가된다.

온라인 쇼핑 강자인 아마존의 방대한 쇼핑 관련 데이터와 결합되었을 때 가장 파괴적일 것으로 예측되는 분야는 상품 연관 콘텐츠와 쇼핑의 연결이다. 에코 쇼의 홍보 동영상을 보면 유튜브에 올라 있는 요리법 동영상을 불러올 수 있다. 기존 에코의 사용자 경험이 "1컵은 몇 온스지?"라는 질문에 대한 음성 답변에 그쳤던 것에 비하면 훨씬 진일보했다. 아마존 프레시Fresh를 통해 부족한 재료를 음성 주문할 수 있다. 굳이 경쟁사인 유튜브의 콘텐츠에 기댈 필요도 없다. 미국의 유력 요리 전문 케이블 채널인 푸드 네트워크는 아마존 에코 쇼에 선보일 알렉사 스킬을 새롭게 선보인다고 밝혔다. 푸드 네트워크의 요리법 비디오들을 에코 쇼에서 바로 불러올 수 있는 것이다.

에코 쇼가 기존 아마존이 장악하던 공간인 부엌에 최적화되어 있다면, 에코 룩은 침실과 옷 방dressing room에 최적화된 기기다. 에코 룩에는 조명이 내장되어 있어 옷 입은 모양을 360도로 볼 수 있으며 적당한 스타일을 아마존 패션 카테고리에서 추천해줄 뿐 아니라 스타일리스트의 전문적 조언도 받을 수 있다. 디스플레이는 없지만 음성으로 사진과 동영상을 촬영하고 스마트폰으로 확인 가능하다. 촬영한 사진을 판독해 얼마나 잘 어울리는지를 퍼센트 수치로 알려준다.

〈MIT 테크놀로지 리뷰Technology review〉의 에디터 제이미 콘들리프Jamie Condliffe는 에코 룩을 두고 "알렉사가 눈을 가졌다"라고 표현했다. 에코 룩은 단순한 카메라가 아니다. 이 매체가 아마존에 문의한 결과 에코 룩이 수집한 비주얼 데이터는 아마존 클라우드에 저장된다는 점을 확인했다.[172] 만약 에코 룩이 이렇게 이용자들의 비주얼 데이터를 수집하고 분석한다면, 취향에 맞는 옷 추천은 물론 아마존 패션 상품들과 사이즈 맞춤 최적화 또한 가능할 것이라고 예상해볼 수 있다. 인터넷으로 구입한 옷을 반품하는 가장 큰 이유가 사이즈 때문인데 만약 에코 룩을 통해 많은 사람들의 비주얼 사이즈를 축적할 수 있다면, 유저의 몸에

그림 3.3_ 에코 쇼(좌)와 에코 룩(우)

맞는 상품 추천도 기술적으로는 가능하기 때문이다.

에코 룩과 에코 쇼는 제프 베조스가 쇼핑 정복을 위해 반드시 정복해야 하는 카테고리라고 말한 패션과 식품 시장의 확대를 가능케 함과 동시에, 비주얼 데이터 저장과 활용을 통해 아마존의 '모든 것을 파는' 야망에 한층 더 다가서게 하는 기기이다.

노-서치 시대를 연 보이스, 아마존의 공격과 구글의 고민

#1. 알렉사가 특정 상품을 재주문해 주는 버튼인 '대시' 안으로 들어갔다. 2017년 6월 15일 아마존이 공개한 '대시 완드Dash Wand'는 말 그대로 마법 지팡이와 같았다. 아마존의 홍보 비디오를 보면 막대기 같이 생긴 대시 완드를 든 여성이 새우 요리에 필요한 냉동 새우는 음성으로, 가루 치즈와 같은 가공식품은 냉장고 안에 들어 있는 상품 바코드를 찍어 주문한다. 이 상품들은 아마존 프레시로 배달된다.[173]

#2. 구글의 음성 인식 기기 구글 홈은 이용자들이 자주 하는 질문에 대한 답변에 광고성 콘텐츠를 끼워 넣었다가 부정적인 여론에 시달렸다. "오늘 하루는 어때?"란 질문에 구글 홈이 일

상적인 날씨, 도로 상황 등을 브리핑한 후 슬쩍 영화 〈미녀와 야수〉의 개봉 소식을 전하는 동영상이 회자됐다. 구글은 〈미녀와 야수〉의 노출이 광고가 아니라 이용자들에게 유용한 정보 전달 테스트였다고 해명했지만, 이 사건으로 음성 인식 기기에서의 광고가 이용자들에게 어떤 반응을 불러일으키는지 적나라하게 보여주었다.

아직까지는 '신기한 기계' 수준으로 인식되는 음성 인식 기기들이 본격적으로 '돈 버는 기기'로 탈바꿈하기 위해서는 음성 인식 기술을 소비자들의 구매 행위와 연결시키거나(아마존), 음성 인식 기술을 통해 전달하려는 정보의 제공자에게 비용을 받아야 한다(구글). 음성 인식 기술을 쇼핑과 직접적으로 연결하는 데는 이미 음성 인식 기기 시장에서 압도적 1위를 차지하고 있는 아마존을 따라올 경쟁자는 아직 없다.[174] 그 배경에는 생필품, 식료품, 의류 등 미국 내 온라인 쇼핑의 확대가 더뎠던 상품 분야에 대한 아마존의 꾸준한 투자가 있었다. 아마존은 이들 상품군들을 직매입(생필품)하거나 자체 제작(의류)하고 가격 경쟁력을 확보하여 스크린과는 전혀 다른 음성 주문 분야에서도 어떤 상품을 노출할지에 대한 고민 자체를 없앴다. 새롭게 선보인 대시 완드는 프라임 회원 기준 가격이 20달러에 불과해 경쟁 기기들과는 상대가 안 될 정도로 저렴할 뿐 아니라, 첫 주문 시 아마존에서 캐시백으로 20달러를 되돌려주기 때문에 실질적으로는 공짜에 다름없다. 그러나 좀 더 확장된 쇼핑 음식 배달, 콜택시, 여행 정보 등에 있어서는 2016년 10월 선보인 구글 홈에 보다 많은 기회가 있을 수도 있다. 2017년 1분기 기준 구글 매출의 87퍼센트는 검색 광고에서 나왔다. 구글이 그동안 구축한 광범위한 검색 쿼리를 성공적으로 음성 인터페이스로 옮겨갈 수 있다면 구글의 검색 광고 불패 신화는 이어질 것이다. 구글 홈에는 아직 직접적 광고가 없지만 곧 광고를 탑재할 것이라는 추측이 일반적이다.

단, 구글에게는 세 가지 위협이 있다. 첫째, 음성 기기를 통한 광고 기회는 스크린을 통해 다양한 정보를 한꺼번에 눈으로 확인하는 PC나 모바일에 비해 양적으로 적을 수밖에 없다. 둘째, 이미 광고 시장을 장악하고 있는 구글로서는 음성 광고가 자사의 PC나 모바일 광고를 잠식할 가능성을 배제할 수 없다. 셋째, 〈미녀와 야수〉 광고 소동에서 알 수 있듯이 음성 인식 기기에서 나오는 광고를 이용자들이 불쾌하거나 거추장스럽게 받아들이는 경우, 아예 해당 기기를 사용하지 않거나 경계하는 결과를 가져올 수 있다.

아마존은 광고 시장에서 조용하게 성장세를 이어가고 있다. 아마존은 2016년 '기타 카테고리other category' 부문에서 약 15억 달러의 매출을 올렸다. 광고와 더불어 공동 브랜딩한 신용카드 딜을 통해 올린 수익이다. 노무라증권의 리서치 애널리스트 앤서니 디클라망Anthony DiClemente에 따르면, 이 정도의 수익 규모만 하더라도 페이스북, 구글 모기업인 알파벳을 제외하고는 매우 높은 수치이다.[175] 그러나 아마존은 알렉사를 통한 광고 노출에 매우 조심스럽게 접근하고 있다. 실제 알렉사의 스킬에 참여하는 제3자 개발회사는 지난 4월 개정된 이용자 규정에 의거해, '제3자 상품' 광고를 알렉사를 통해 할 수 없게 되었다.[176] 그러나 〈비즈니스 인사이더〉는 이 조치가 장기적으로는 아마존 에코의 1위 자리를 더욱 확고히 할 것이라고 분석했다.[177] 우선 에코가 이미 압도적으로 가장 많이 보급되어 있고, 광고 없는 환경이 음성 사용자 경험에서 알렉사의 우위를 더욱 확대할 수 있기 때문이다.

이 조치로 알렉사 스킬 개발자가 활용 가능한 제3자 광고 플랫폼이 나왔다가 잠정 중단되기도 했다. 보이스랩스라는 보이스 애널리틱스 업체에서 선보인 스킬스 킷 개발자를 위한 광고 프로그램인 '스폰서드 메시지'가 그것이다. 보이스랩스는 스폰서드 메시지를 통해 에코에 여섯 개에서 열다섯 개의 광고를 붙일 예정이었으나 아직 시장이 준비되지 않았다며 잠정 중단했다.[178] 그러나 보이스랩스는 '보이스 앱은 에코 쇼, 구글 커넥티드 홈 등의 비주얼 동기화visual synchronization 기기가 등장하면서 더욱 흥미로워졌고, 더 많은 앱이 등장할 것'이라고 예측하며 지속적으로 보이스 앱 기술에 투자할 것이라고 밝혔다. 실제로도 비주얼 광고는 음성 광고에 비해 이용자에게 보다 수월하게 받아들여질 수 있기 때문에 광고 측면에서 매력적이다. 향후 스폰

서드 메시지가 활성화된다고 가정한다면, 아마존의 입장에서는 알렉사를 통한 수익원 확보는 물론 차츰 알렉사가 자체적으로 갖고 있는 데이터인 쇼핑 리스트와도 결합시킬 수 있을 것으로 전망한다. 모바일, 데스크톱을 통한 쇼핑 광고는 아직도 성장 폭이 크다. 실제로 2016년말 쇼핑 시즌에 유료 검색 광고를 통한 온라인 구매는 전년 대비 45퍼센트 성장했다.[179]

스킬에 제공되는 앱 중 상거래 관련 앱은 아직까지 거의 없다. 그렇다면 아마존이 쇼핑과 직접적으로 관계도 없는 스킬을 계속 오픈하는 이유는 무엇일까? 아마존은 스킬이라는 제3자 앱을 통해 아마존이 갖고 있지 않은 각종 '일반 정보'를 제공할 수 있다. 궁극적으로 아마존은 이러한 스킬을 통해 아마존 생태계에 대한 이용자의 잠금 효과lock-in effect를 더욱 높이려 할 것이다. 스크린을 들여다봐야만 하는 사용자 경험으로부터 편리하게 음성 명령을 이용하는 경험으로 사람들을 끌어들이려면, 보이스 인공지능 서비스가 단순히 쇼핑뿐만 아니라 정보 검색부터 홈 오토메이션, 개인 스케줄 관리 등 다양한 분야에서 일상에 스며들어야 하기 때문이다.

아마존은 음성과 이미지를 결합시킨 새로운 광고 등장 가능성도 열어놓고 있다. '에코 룩'을 통해 음성 정보는 물론 비주얼 정보―외모, 옷 입는 스타일, 방 사이즈 등―를 저장할 수 있기 때문에 장기적으로는 가구, 인테리어 등 다양한 상품 추천으로 이어질 수 있다. 그러나 베조스의 이런 야망을 완성하려면 앞서 이야기한 보이스 인터페이스의 큰 과제인 프라이버시 이슈를 넘어야 한다. 에코 룩, 에코 쇼 모두 이용자의 개인 사진을 클라우드를 통해 전송받아 데이터 형태로 구축한다. 에코 룩의 경우 상품 추천으로까지 이어진다. 향후 이들 기기의 데이터 저장, 전송, 활용에 대한 문제 제기가 끊임없이 이어질 수 있다.

한국어 보이스 인공지능, 어디까지 왔을까?

한국에서도 SK텔레콤, KT 등 통신사를 필두로 삼성전자, 네이버, 카카오 등 다양한 기업들이 보이스 인공지능 전쟁에 뛰어들었다. 이 중에 과연 누가 한국 시장을 선점할 수 있을지 주목된다. 국내 스마트폰 시장에서 1위를 차지하고 있으며 한국어 빅스비를 선보인 삼성전자는 기술적 측면에서 가장 눈에 띈다. 삼성전자는 최근 몇 년 동안 하만 카돈과 비브를 인수하면서 보이스 인터페이스를 중심으로 한 플랫폼 선점에 나섰다. 굳이 스피커를 출시하지 않아도 갤럭시 시리즈를 통해 사용자의 음성 정보를 수집하고 학습할 수 있다. 삼성페이를 통해 검색부터 결제 송금까지 가능한 데다 하만 카돈의 고품질 음악 감상용 스피커에 인공지능을 탑재할 수 있는 잠재력을 갖고 있다. 삼성전자는 자체 콘텐츠가 없다는 것이 약점이지만 기술력을 바탕으로 콘텐츠 파트너십을 확대할 수 있을 것으로 보인다. 삼성전자의 싸이월드 투자는 이러한 맥락으로 해석할 수 있다.

통신사들은 포털에 비해 보이스 인공지능 스피커를 먼저 출시했다. 2016년 9월 출시된 SK텔레콤 '누구'는 7개월 만에 7만 대가 팔렸다고 하지만 시장 반응이 폭발적이라고 말하기는 어렵다. 날씨, 배달, 쇼핑, 음악 등 기본적 기능은 갖췄지만 음성 인식으로 처음부터 끝까지 모든 기능을 수행하기보다는 중간에 멈춘 후 모바일 앱으로 이동해야 하는 등의 불편함이 있다. KT 의 '기가지니'도 비슷한 딜레마를 겪고 있다. 아직은 한국의 인공지능 스피커 시장이 호기심 많은 얼리어답터 위주의 작은 시장이다 보니 자사 IPTV나 인터넷 전화에 가입되어 있지 않으면 유료 서비스를 새로 이용해야 하는 등 오히려 서비스 적용 과정에서 불편함을 겪게 되는 구조다. 이러한 핸디캡을 어떻게 극복할 수 있을지, 어떻게 보다 매끄러운 서비스를 구현할 수 있을지 주목된다.

최근 보이스 인공지능 시장에서 눈에 띄는 주자는 네이버다. 클로바라는 보이스 인공지능을 선보인 네이버가 그동안 축적한 방대한 한국어 콘텐츠를 바탕으로 한국어 검색에서의 절대적 우위를 음성 검색에서도 이어갈 수 있을지 관건이다. 네이버는 사업 초기부터 사용자들이 많이 찾는 정보를 초기 화면에 배치하는 '백화점식 검색'을 제공했다. 검색 결과 숫자가 제한되는 음성 검색에서 네이버의 백화점식 정보 노출 방식은 오히려 강점을 가질 수 있다. 네이버 또한 마음만 먹으면 검색에서 쇼핑, 페이까지 원스톱 연결이 가능하다. 우선 시장의 반응은 우호적이다. 2017년 8월 14일 네이버 AI 스피커 '웨이브'가 35분 만에 완판됐다(준비 물량은 밝히지 않았다).

카카오 또한 기존의 서비스 자산 중 음성과 결합했을 때 시너지가 일어날 수 있는 분야가 많다. 무엇보다 '국민 메신저' 카카오톡과 음성 기술을 어떻게 유기적으로 결합할지 가장 주목된다. 또한 2017년 8월 카카오에서 분사한 카카오 모빌리티를 통한 위치 기반 정보와 보이스 인공지능 결합 서비스도 기대해볼 수 있다. 카카오 택시, 카카오 드라이버, 카카오 내비 등을 통해 축적해 온 위치 정보를 기반으로 음성으로 택시를 부르거나 주변 맛집을 추천받는 등의 서비스를 선보일 수도 있게 된 셈이다. 단, 네이버나 카카오가 보이스 플랫폼에서 우위를 가질 수 있으려면 음성 인식이나 음성 검색 품질이라는 기술적 이슈를 어떻게 뛰어넘을 수 있는지 외에도 검색 결과에 자사 콘텐츠를 우선 배치할지, 아니면 제3자 콘텐츠를 어떤 방식으로 획득하여 어떻게 노출할 것인지 등 풀어야 할 숙제가 적지 않다. 또한 앞서 살펴본 해외의 보이스 인공지능 서비스들처럼, 어떻게 다른 서비스들과의 호환성을 확보하느냐, 오픈 API와 제3개발자들을 위한 소프트웨어 개발 키트(SDK)를 활용하여 어떻게 더 확장적인 생태계를 만들어내느냐가 경쟁의 우열을 가르는 중요한 요인이 될 것으로 보인다.

한국은 독특한 검색 시장 구조와 한국어라는 언어 장벽이 존재하고 있어 글로벌 AI 업체들에게도 쉽지 않은 시장이다. 현재까지 한국 보이스 AI 기술은 "간단한 질문에도 오류가 나온다", "기존에 저장되어 있는 지식을 꺼내어 보여주는 수준이다"라는 말로 요약할 수 있을 만큼 초기 단계라는 평가가 다수 의견이다. 구글이 2017년 개발자 회의에서 구글 어시스턴트의 한국어 서비스를 연내에 선보일 것이라고 밝힌 만큼 연말이 되면 보이스 서비스에 대한 본격적인 대결의 장이 펼쳐질 것으로 보인다.

당분간은 스피커 플랫폼을 가진 국내외 업체들 사이에서 특별한 강자 없이 춘추전국시대가 될 것으로 전망되지만, 스피커만 내놓는다고 모두가 플랫폼이 되는 건 아니다. 스피커를 통해 출력되는 보이스 인공지능 서비스 품질에 대한 좋은 경험을 고객들은 가급적 더 많은 기기에서 제공받으려 할 것이다. 스피커를 통해 고객 경험을 선점하려는 과정에서 발생할 수 있는 좋지 않은 고객 경험은 플랫폼으로 성장하는 데 독이 될 수 있기 때문이다.

스피커뿐 아니라 스마트폰, 가정용 전자 제품 등 디지털화된 기기를 통해 '좋은' 보이스 인공지능 경험을 얼마나 '광범위하게' 제공하는지가 이들 업체들의 경쟁력을 좌우할 것이다. 이런 측면에서 삼성전자가 최근 구글 크롬을 자사 스마트폰에서 사용하는 대가로 비용을 받기로 했다는 기사는 유의미하다. 삼성전자가 보유한 하드웨어군을 묶어 일종의 'AI 플랫폼'으로 볼 수도 있기 때문이다. 한편 스피커를 비롯해 이런 디지털 디바이스에 제공할 수 있는 정보를 구조화된 데이터structured data 형태로 보유-개발-제공할 수 있는 콘텐츠 제공 업체들에게도 기회가 열릴 것이다. 어떤 인공지능 기업도 모든 콘텐츠를 다 가질 수는 없다. 보이스 인공지능의 강자 아마존조차도 업무용 플랫폼의 강자인 마이크로소프트와 손을 잡았다는 점은 이를 잘 보여주는 사례이다. 보이스 인공지능의 초기 단계이지만, 검색 경험을 음성 경험으로 바꾸는 과정에서 쇼핑, 교육 등의 구조화된 데이터를 가진 스타트업들은 보이스 AI 플랫폼에 데이터를 제공하면서 살아남을 것이다.

보이스는 모바일 플랫폼을 뛰어넘는 가능성을 보여줄 것인가? 앞서 언급한 칼럼니스트들이 이야기한 것처럼 무한한 가능성이 있을까, 아니면 언캐니 밸리와 같은 한계에 부딪혀 한때의 과열로 치부될 것인가? 누구도 예측하기 어려운 미래에 대하여 저자들이 함께 머리를 맞대고 토론한 이야기로 책을 마무리하고자 한다. 에필로그는 이렇게 이 책을 만들어낸 엔지니어, 커머스 종사자, 게임업계 종사자, 정보 인권 활동가, 변호사, 예술가, 연구자가 함께 그려낸 상상과 성찰의 이야기다.

대담 :
다시
한 번,
혁명이
온다

강정수(이하 정수) '보이스 퍼스트Voice First'란 인간이 인터넷을 이용하는 방식, 인간과 기계가 소통하는 방식에서 보이스 인터페이스가 지배력을 갖는다는 의미인데요, '보이스 인터페이스가 지배력을 갖는다'는 것은 무엇을 의미할까요?

인간에게 주도권을 넘겨준 인터페이스

장해강(이하 해강) 인터페이스 역사 부분에서도 다뤘지만, 첫째는 사람이 뇌를 가지며 감각기관을 통해 기계와 소통하듯이, 기계에도 뇌에 해당하는 CPU가 있으며 다양한 촉수(감각기관)를 통해 인간과 소통한다는 점입니다. 보이스 인터페이스는 컴퓨터 또는 기계가 보이스, 즉 음성이라는 새로운 감각기관을 새로 얻었다는 의미입니다. 기계가 '인간과 유사한' 감각기관을 갖게 된 것이죠. 둘째, 인터페이스는 역사적으로 기계 중심에서 사람 중심으로 무게 중심이 이동하고 있습니다. 보이스 인터페이스에서는 사람이 가지는 자유도가 매우 높아져 이것을 통해 좀 더 사람이 하고 싶은 대로 할 수 있습니다.

정수 새로운 감각기관, 멋진 표현이군요. 지금까지는 컴퓨터를 이용하기 위해 사용법에 대한 지식이 있어야 했습니다. 컴퓨터를 다룰 줄 모르면 주변 사람들에게 도움을 받아야 했죠. 보이스 인터페이스에서는 사용 설명서 없이 인간과 기계의 소통이 쉽게 가능해지는 걸까요?

이수현(이하 수현) 말하자면 인터페이스가 객관식에서 주관식으로 바뀐 것 아닐까요? 기계가 제공하는 선택지에서 하나를 고르는 것이 지금까지의 인터페이스였다면, 보이스 인터페이스는 사람이 원하는 것을 바로 이야기하는 방식이니까요. 현재까지 가장 사람에게 친화적이라고 하는 터치 인터페이스도 화면에 보여지는 것 중 하나를 선택하는 방식이죠. 그러나 보이스 인터페이스는 화면이 없지만 오히려 그래서 보다 인간이 주체가 되는 대화 환경이 되는 겁니다.

해강 그러면서 기계와의 인터페이스에서 인간이 주도권을 가지게 되는 거죠. 주도권이 조금 더 인간에게 넘어가는 모양새입니다.

정수 플라톤의 『파이드로스Phaedrus』에는 소크라테스가 자신과의 대화를 기록하지 말라고 이야기하고 있습니다. '기록하면 대화의 문맥이 전달되기 어렵기 때문이다'라고 했죠. 구술 문화가 중심이던 당시, 양피지가 등장하면서 기록 문화가 싹트고 있었습니다. '기록 말라', '문맥이 전달 안 된다'라고 한 건 기록 문화에 대한 저항입니다. 구술 문화의 특징은 인간의 육성에 의한 커뮤니케이션으로, 대화 상대방이 같은 시간 같은 공간에 존재해야 한다는 점에 있습니다. 구술은 인간이 가진 최고의 커뮤니케이션입니다. 다만 시공간적 제약이 큰 문제죠. 보이스 인터페이스는 구술 정보와 문맥 정보를 같이 전달할 수 있습니다. 구술 문화의 장점을 살리는 형식입니다.

수현 커뮤니케이션 수단이 다양하게 발전되어 왔고, 결국 돌고 돌아 인간에게 가장 편한 수단인 구술, 즉 보이스로 돌아온다는 의미로 보입니다.

기계와 더 친하게

김가연(이하 가연) 단순히 인터페이스만 편리해지는 게 아니라, 컴퓨터를 나와 같은 인격체처럼 대우하게 되는 시대가 온 것 아닌가 싶어요. 이 자리에도 알렉사 같은 인공지능이 있다면, 자연스러운 대화가 가능하지 않을까요? 인터페이스가 사라진 것이라기보다는 기계를 인간처럼 대하는 시대가 온 것이 아닐까 생각되네요.

정수 그런 사례가 있었죠. 아마존에서 에코의 구매 평을 보면 알렉사 때문에 자기 생활이 어떻게 바뀌었는가, 알렉사가 외로움을 달래주었다, 이런 내용이 있습니다. 이것은 사실 SF 작가가 가상으로 구매 평을 쓴 것이었는데요, 이 구매 평에 공감을 표시하는 사람이 많았습니다. 인공지능, 로봇이 친근하다고는 하지만 아직은 '불쾌한 골짜기'를 극복할 수 없는 수준이거나 이

골짜기에 아직 접근하지 못한 수준입니다. 로봇을 인격체로 받아들이는 건 아직 힘든 거죠. 그런데 보이스는 그 형태가 스피커이기 때문에 이보다는 훨씬 인간에게 친숙합니다. '스피커에 갇혀 있는 나의 친구'로 인식할 수도 있는 것이죠. KT와 알리바바는 '지니'라는 이름을 사용하고 있는데요, 지니는 소원을 들어주는 요정이라는 의미도 있지만, 항아리 안에 갇힌 요정이기도 합니다. 지니는 인격체라는 메타포를 가지고 있고, 그러므로 '진짜 같은 느낌'이 확실히 더 커질 수 있습니다.

수현 인격체라는 느낌을 주는 데 '이름'을 붙이는 일이 정말 중요하다고 생각됩니다. 지금까지 어떤 인터페이스도 이름을 가진 적이 없었어요. 그런데 '시리'부터 시작해 '오케이 구글', '알렉사', '지니', '샐리'까지 보이스 인공지능 서비스는 모두 이름을 갖고 있죠. 돼지나 소를 키워 파는 농가에서는 돼지, 소에게 이름을 붙이지 않는다고 합니다. 이름을 붙이면 도살하거나 파는 게 힘들어진다고요. 영화 〈옥자〉에서도 그 돼지가 이름이 없었다면 소녀와 그런 교감이 가능했을까요. 아이들을 보면 인형은 물론 장난감, 심지어 자전거나 학용품에도 이름을 붙이면서 교감하려 합니다. 보이스 인터페이스는 인격체에 가까워지는 기능과 성능을 가지고 있고, 여기에 이름을 붙임으로써 더욱 친밀한 인격체가 될 수 있는 걸로 생각됩니다.

정수 인공지능에 감정이 있느냐 또는 감정이 있어야 하느냐라는 논쟁이 있습니다. 로봇에 따귀를 때리면 그 로봇은 어떻게 반응해야 할까? 그런데 여기에 전제가 하나 있어요. '사이보그는 인간과 비슷한 물리적 형태를 띄어야 한다'는 겁니다. 이 물리적 형태는 사이보그가 인간인가 아닌가라는 논쟁을 불러일으키는 발단이 됩니다. 눈에 보이는 물리적 형태가 오히려 반감을 일으킬 수도 있습니다. 그런데 보이스 인터페이스는 이러한 물리적 형태를 건너뛰었어요. 익숙한 음성, 목소리가 들려오면 불쾌한 골짜기를 쉽게 극복할 수 있는 것이죠.

가연 동의합니다. 목소리만 들리므로 오히려 더 친근하게 느껴지는 것 같아요. 컴퓨터가 그 동안 대화 상대가 되었는데, 외형이 없다 보니 컴퓨터라고 인식되지 않을 수 있겠죠. 영화 〈그녀〉에서처럼요. 컴퓨터 안에 갇힌 다른 인격체라고 느낄 수도 있고. 상대방에 대한 상상력의 나래를 펼칠 여지가 있으니까요. 예를 들어 PC통신 시대에 얼굴도 모르는 상대방과 채팅만으로도 사랑에 빠졌던 것과 비슷한 느낌으로요. 전화 통화만으로도 사랑에 빠지는 게 인간이잖아요. 컴퓨터와 자연스럽게 대화할 수 있다는 것은 엄청난 변화죠.

송승훈(이하 승훈) 보이스를 쓰는 게 확실히 편하죠. 과거에는 인터페이스가 사람을 기계처럼 만들었습니다. 사람이 기계의 언어를 배워야 했고, 인터페이스에 접하면 다른 일을 하지 못하고 여기에 집중해야 했어요. 이와 달리 보이스는 다른 일을 하면서도 기계와의 대화가 가능합니다. 사람이 인터페이스에 집중하지 않고도 자연스럽게 생활하면서 대화를 따라갈 수 있는 것이죠. 여기에 인공지능이 보이스 인터페이스와 결합한 것도 중요하다고 봅니다. 인공지능이 없다면 보이스 그 자체는 IVRinteractive voice response, 다시 말해 응답을 처리하는 기능 그 이상도 이하도 아닙니다. 보이스 인터페이스에 인공지능이 더해지면서 Voice First World가 가능해진 것이죠. 또한 보이스 인터페이스는 인공지능을 인공지능답게 발전시킬 수 있는 데이터를 쉽게 수집할 수 있는 커뮤니케이션 수단입니다. 보이스가 인공지능과 어우러지면서 보이스 인터페이스 시대가 열리고 있는 것이라고 봐요.

김형석(이하 형석)　인간끼리 대화하는 목적도 정보, 생각, 감정 등을 주고받는 의사소통이 목적입니다. 인터페이스라고 우리가 부르는 것은 대화의 상대가 기계라는 것을 말해요. 즉, 기계와 인간 사이 또는 기계 간에 존재하는 의사소통 수단을 인터페이스라고 부르죠. 이를 통해 기계와 우리가 정보를 주고받는 것입니다. 이러한 의사소통은 상황에 가장 적합하고 효율적인 방식으로 이루어지려 할 텐데요. 이전의 인터페이스는 기술적 한계나 효율성과 같은 이유로 소통을 위해서 사람이 기계의 언어와 방법(의사소통 수단)을 사용했습니다. 기계와 소통할 수 있는 방법이 그것 밖에 없었다고 할 수 있겠죠. 그런데 이제는 기술이 더 발전하면서 기계가 쓸 수 있는 언어가 조금 더 많아졌다고 할 수 있을 것 같아요. 기계의 의사소통수단이 더 많아진 거죠. 이제는 기계가 인간의 언어를 배우게 되는 것이라 할 수도 있겠네요. 사람은 자신의 언어를 쓰는 기계를 만나게 되니 편해지는 거구요. 물론 시각 정보냐 음성 정보냐를 상황에 맞게 선택할 수 있고, 그렇기 때문에 보이스가 가장 우선이라는 말은 아니에요. 보이스로 의사소통을 더 잘할 수 있는 상황에서 보이스를 선택할 수 있게 된 거죠. 음성 정보를 이용하는 것이 선택지에 추가된 거라고 봅니다.

박성미(이하 성미) 멀티터치가 등장했을 때, 처음으로 사람들은 사용 매뉴얼 없이 화면의 그림을 자유자재로 움직일 수 있게 되었습니다. 사용법을 배울 필요 없이 우리가 이미 알고 있는 방식으로 기계를 다룰 수 있게 되었다는 중요한 변화가 있었기 때문에, 멀티터치도 인터페이스의 역사에 있어서 어떤 변곡점이라고 생각했어요. 시각적인 인터페이스의 변화를 멀티터치가 가져왔다면, 텍스트적인 것들, 즉 글, 정보, 메뉴 등에 대해서는 보이스가 변곡점이 된 것이겠죠.

해강 멀티터치는 말하자면 일종의 기초적인 제스처gesture를 인식하는 방식입니다. 터치가 기계에게 사람이 터치하는 특정 좌표를 알려주는 방식이었다면, 멀티터치는 이보다 한단계 진화해 기계가 마침내 사람의 제스처를 인지하기 시작했다는 것을 뜻합니다. 여기서 더 발전하면 에코 룩이나 키넥트Kinnect에서처럼 카메라가 사람의 동작을 인식하게 되는 것이죠. 궁극의 인터페이스는 사람의 생각을 기계가 이해하는 것이 아닐까요? 에코 룩에서 제스처와 보이스를 동시에 사용하는 것처럼, 두 개 이상의 인터페이스가 합쳐진 인터페이스를 멀티 모달 인터페이스라고 하는데요, 두 가지가 서로를 배제하지 않으면서 상황에 맞게 쓰이는 형태입니다. 현재 노트북에서 마우스와 키보드가 같이 쓰이는 것처럼, 다양한 종류의 인터페이스를 사용자가 직관적으로 선택해 쓸 수 있도록 발전하고 있는 것이죠. 이런 여러가지 인터페이스가 통합되면서 기계가 사람의 언어, 몸짓을 더 잘 이해하는 방향으로 발전하고 있다고 봅니다.

형석 해강님 말씀에 조금 추가하자면, 제스처 인식이란 인간의 동작을 3차원적으로, 즉 자연스럽게Natural 인지하려는 시도이고 멀티터치는 그보다는 조금 더 단순하고 제한적입니다. 특정 사용법을 인간이 따라야 하고, 아직까지 제스처의 2차원적 버전을 구현하고 있는 것이 멀티터치라고 할 수 있죠. 음성에 비교하자면, 기존의 음성 ARS와 같은 것은 '이미 정해놓은' 질문과 답변이 주를 이룹니다. 그 수준이 2차원에 머물러 있는 것이죠. 현재 등장하고 있는 음성 인공지능 서비스는 제스처 인식과 같이 음성을 3차원으로, 다시 말해 'natural'하게 인식하도록 진화하고 있는 것이라 보면 될 것 같습니다.

성미 다만, 저는 보이스 인공지능이 인간처럼 친숙한 비서가 될 수 있을까에 대해 아직은 회의적이에요. 알렉사와 대화해보면 처음엔 신기한 데다 친근함마저 느끼게 되지만, 열흘 정도 지나면 그냥 코딩된 기계라는 느낌이 들더라고요. 반복적인 대답만 하고, 아직 매우 단순한 일만 처리해주기 때문이겠죠. 인간처럼 친숙해지기엔 아직 멀지 않을까요?

주제 2.
보이스 인공지능 서비스가 가져올 소비자 유익

정수 보이스 인터페이스의 소비자 유익은 무엇일까요. 운전할 때나 부엌에서 요리를 할 때 등 이른바 핸즈 프리hands-free 상황에서 보이스 인터페이스의 유용성이 크다고들 이야기합니다. 또한, 교육 콘텐츠 시장에 대한 영향은 어떨까요? 전자상거래 시장은 보이스 인공지능 서비스로 큰 변화를 겪게 될까요?

보이스, 새로운 과외 선생님?

성미 알렉사를 써보니 외국어 공부에 확실히 유용하겠다는 생각이 들었습니다. 카세트 테이프나 MP3는 내 말을 알아듣지 못하고, 일방적이었어요. 그런데 알렉사가 내 말을 알아들어야 하니까 저 스스로 영어 발음을 자꾸 연습하게 되고, 알렉사의 영어 발음을 확인하게 되더라고요. 만약 알렉사와의 이런 인터랙션을 외국어 학습에 응용할 수 있다면 굉장히 효과적일 것이라는 생각을 했습니다. 보이스 인공지능은 쌍방향이니까요. 내가 말한 것을 듣고 맞았는지 틀렸는지 알려주고, 고쳐주고, 내 수준에 맞추어 업그레이드된 콘텐츠를 줄 수도 있겠죠. 어느 정도의 대화 연습도 가능할 거고요. 개인 과외 교사는 대체할 수 있을 것이라고 생각해요. 그래서 외국어 관련한 콘텐츠가 있을까 알렉사 스킬을 찾아보니, 스페인어와 프랑스어 등 상당수의 스킬이 있었습니다. 다만 아직은 이들 스킬에 대한 리뷰가 형편없었는데요, 대부분 초보를 위한 것들이고 매번 '안녕하세요hello'만 가르치는 수준이라고 합니다. 아직은 사용자의 레벨에 맞게 업그레이드되는 스킬은 없는 것 같습니다.

정수 재미있군요. 예를 들어 영어 퀴즈는 한국 학생들에게 유용성이 있을 것입니다. '영어 교육에 도움이 되는 보이스 인공지능!', 이렇게 소문나면 한국 시장에서 초기 시장 진입이 가능하지 않을까 싶네요.

승훈 저는 구글 홈을 쓰고 있습니다. 제 친구 가족도 구글 홈을 사용하고 있는데요, 우리 아이들과 친구네 아이들을 보면 오디오 북을 자주 사용합니다. 영어로 책을 읽어주는 기능이죠. 우리 아이들은 모르는 단어나 개념을 제게 자주 물어봤었는데 최근엔 구글 홈에 물어보곤 합니다. 구글 홈이 이럴 때는 가정교사 역할을 하니 제가 좀 편해졌습니다. 아이들이 '예수님은 살아 있어?'와 같은 질문도 하는데요, 그럴 때면 '구글 홈에게 물어봐'라고 합니다. 그리고 저희 아이들은 해외에서 살다가 한국에 돌아온 지 얼마 되지 않아 영어 표현을 한국어로 어떻게 말하는지 제게 묻기도 했는데, 이제는 아이들이 영어로 '이건 한국말로 뭐야'라고 구글 홈에게 물어봅니다. 간단한 표현의 경우 특히, 구글 홈이 굉장히 잘 답해 주곤 합니다. 구글 홈이 아직 영어 서비스만 제공하지만 한국어가 가능해진다면 영어 표현이 궁금한 아이들에게 더욱 도움이 되겠죠. 다만 이렇게 구글 홈과 얘기를 더 많이 하다 보면, 그나마 아빠와의 대화가 없어질까 살짝 걱정되긴 하네요.

성미 마치 외국인과 대화를 길게 하는 수준으로 진화한다면, 어학 교육과 관련해 큰 변화가 일어날 것 같아요. 저는 미국인 친구와 단지 재미있는 대화를 계속하는 것만으로도 영어 실력이 느는 것을 경험했는데, 모르는 단어를 들을 때마다 바로 물어볼 수 있기 때문이었어요. 보이스 인공지능 서비스에서는 이런 대화식 학습이 가능하지 않을까요. 만약 이것이 원어민 강사처럼 기능한다면 한국 사교육 시장에 중요한 변화가 일어날 수 있겠죠.

라스트 마일을 잡아라

가연 멀티태스킹이 가능해져서 하루 중 소비자의 가용 시간이 늘어날 것 같아요. 나 대신 뭔가를 주문해주고, 책을 읽어주고, 음악을 들려주고, 아이들과 놀아준다든지 하는 게 가능하니까, 우선 특정 일 처리에 대한 시간이 줄어들어 가용 시간이 늘어날 거고, 동시에 서로 다른 일을 할 수 있으니 역시 가용 시간이 늘어나겠죠. 하루가 24시간이 아니라 체감상으로는 두 배, 세 배 길어진 느낌이랄까?

정수 스마트폰이 대중화되면서 인간의 멀티태스킹 가능성이 늘어났습니다. PC는 고정 공간에서만 사용할 수 있었죠. 음악을 들으며 일할 수는 있었지만 이동하면서 뭔가를 찾고 쓰고 주문하는 일은 불가능했어요. 그런데 스마트폰이 보급되면서 중첩되는 시간 띠가 증가했고, 이로 인해 가용 시간이 크게 늘어났습니다. 여기에 보이스 인공지능 서비스가 추가된다면 핸즈프리 상황에서 인터넷 또는 컴퓨터가 인간의 일상과 다양한 접점을 만들어낼 겁니다. 이렇게 인터넷이 우리의 시공간 속으로 훨씬 쉽고 편하게 들어오게 되겠죠.

홍윤희(이하 윤희) 에코 룩과 에코 쇼를 보면서 많은 것을 느꼈어요. 아마존이 보이스를 이용해서 고객을 아마존 생태계 안에 머물게 하려 한다는 느낌을 받았습니다. 아마존은 다양한 인터페이스를 제공하고 이를 통해 고객의 효용을 증가시키고 결국 자신들의 세계에서 소비를 극대화하려고 합니다. 제프 베조스는 2000년대 초부터 상거래 시장을 지배하기 위해서는 식품과 패션을 정복해야 한다고 말했는데요, 2008년 아마존 프레쉬Fresh가 도입되었고 그 이후 계속 적자가 이어졌지만 투자를 지속했습니다. 에코가 부엌에 들어가고 있는데, 미국 사회에서 부엌이 차지하는 역할은 큽니다. 음식을 만드는 곳을 넘어, 가족이 모이고 구성원들끼리의 상호 작용이 일어나는 공간이 부엌입니다. 주말에 어디로 놀러갈지, 야구, 축구 경기 관람 계획 등을 이야기하죠. 이럴 경우 스케줄링과 스케줄링에 따른 각종 쇼핑 행위 등이 부엌에서 일어나게 됩니다. 에코를 통해 부엌을 점령하고, 그 다음 부엌에 있는 냉장고를 장악하고, 냉장고에 있는 제품의 유효 기간을 알게 되면 이에 맞게 대시가 쇼핑을 도와주겠죠. 또는 에코 쇼를 통해 음식 동영상을 시청하고 레시피에 따라 주문할 수 있게 될 겁니다. 나아가 가족의 일정 및 생활 동선에 따른 소비를 지원하게 될 거고요. 이렇게 아마존은 가족의 생활을 장악하게 되지 않을까요. 미국의 경우 소비 생활이 보이스 인터페이스에 의해 크게 변할 수 있다고 봅니다. 단 미국과 다른 공간 문화를 가진 한국에서 유사한 현상이 발생할지는 의문이긴 합니다만.

가연　멀티태스킹과 함께 주문이 편해지겠죠. 아직까지는 웹사이트 또는 모바일에서 주문할 것을 찾고, 가격을 비교하고, 상품평을 살펴보는 등 적지 않은 정보 비용, 시간 비용이 발생하 잖아요. 보이스를 통한다면 'A를 주문해 줘'라고 말만 하면 그에 맞는 최적의 상품을 몇 초 만에 보이스 인공지능이 찾아줄 수 있으니 그만큼 시간과 정보 비용을 아낄 수 있다고 생각합니다. 또한 보이스 인공지능 서비스는 나의 쇼핑 리스트를 관리해주 잖아요. 책을 읽다가, 영화를 보다가 보이스 인공지능에게 말하 면 메모장처럼 기록되니까, 끊김 없이 미디어를 즐기면서 뭔가 를 기록할 수 있고 결국 쇼핑으로 이어질 가능성을 높일 수 있 지 않을까요?

윤희 여기서 핵심은 보이스 인공지능이 최저가를 찾아 주문하 는 것이 아니라, 최저가를 찾을 필요가 없게 한다는 점이라고 봅니다. 아마존은 꼭 보이스 인공지능이 아니더라도 아마존 프 라임 서비스를 통해 '조금 비싸도 사지 뭐'라는 소비자 신뢰를 구축해왔어요. 연회비를 내는 아마존 프라임 회원에게 가격 비 교란 큰 의미가 없는데요, 여기에 알렉사가 등장했습니다. 가격 비교를 위한 검색이 불필요한 시점에 말이죠. 에코 쇼에서는 브 라우징이 작더라도 의미를 가지겠지만, 에코에서 브라우징은 아예 존재하지 않습니다. 아마존은 소비자에게서 브라우징과 검색을 필요 없게 만들고 있어요. 이는 보이스 인터페이스의 가 장 큰 강점이자 동시에 맹점이기도 합니다. 알렉사를 통해 무언 가를 구매했는데 최저가도 아니고 품질도 떨어진 것을 사후에 소비자가 인지하고, 이 경험이 반복되면 신뢰가 붕괴하게 되겠죠. 쇼핑에서 이른바 'No Search'가 그 힘을 유지하기 위해서는 알렉사 추천 상품에 대한 신뢰도가 계속 유지되는 것이 중요합니다. 이러한 신뢰는 쉽게 무너질 수도 있습니다.

정수 인터넷을 쓰는 방법, 이용하는 방법은 계속 바뀌어 왔습니다. 검색 결과를 얻기 위해 마우스를 계속 클릭했어야 했는데, 이것이 키워드 검색으로 바뀌었죠. 스마트폰의 대중화도 인터넷 이용 방법과 검색 방법을 크게 바꾸었습니다. 지금 듣고 있는 음악 제목을 알고 싶을 때 이를 소리로 검색할 수 있고, 와인 라벨 사진을 찍으면 그 와인의 이름과 소비자 평가를 바로 알 수 있습니다. 보이스 인터페이스도 마찬가지입니다. 계속해서 검색은 존재하겠지만 전통적인 검색 방법은 크게 변하거나 소수가 이용하는 서비스로 남을 수 있습니다. 마치 스트리밍 음악 시대에 LP를 소비하는 층이 존재하는 것처럼 말이죠. 검색 결과의 수가 얼마나 많이 스크린에 등장하냐는 중요하지 않습니다. 또는 몇 번을 클릭해야 내가 찾는 정보를 얻을 수 있는가도 중요하지 않습니다. 보이스 인공지능이 찰나에 내가 찾는 것을 알려줄 수 있다면 말이죠. 검색 서비스는 브랜드가 중요하지 않습니다. 네이버, 구글 검색 서비스에 충성도가 왜 필요할까요? 보이스 인공지능이 일종의 메타 검색 서비스를 제공할 수 있지 않을까요? 사실 다양한 검색 서비스를 활용해서 내가 찾는 정보를 알려주면 그뿐입니다. 그만큼 특정 서비스에 대한 브랜드 충성도가 줄어들 수 있습니다. 네이버란 초록색 로고를 보면서 하는 검색 행위, 구글의 알록달록한 로고를 보며 하는 검색 행위가 줄어들고 보이스 인터페이스가 점점 이를 대체해나가면 나와 특정 검색 서비스와의 접점은 그만큼 줄어들겠죠. 눈으로 보며 하는 검색 행위가 줄어들 겁니다. 검색뿐이 아닙니다. 지마켓, 11번가 같은 특정 전자상거래 브랜드가 중요할까요? 보이스 인공지능 서비스에 대한 신뢰가 중요하고, 그만큼 종속된다는 의미입니다. 그 보이스 인공지능이 최적의 서비스를 제공할 수 있다면, 내 주문이 지마켓을 통하는지 11번가를 통하는지의 문제는 부차적인 문제가 되는 겁니다. 보이스 인공지능은 지금까지 라스트 마일last mile 즉, 소비자와의 접점으로 기능하고 있는 구글, 네이버, 지마켓 등을 대체하며 스스로 라스트 마일이 되어갈 겁니다. 그만큼 기존의 시장 질서는 다시 한번 뒤흔들릴 가능성이 높겠죠.

트로이 목마

수현 아마존, 구글, 네이버 등이 보이스 인공지능 서비스가 담긴 스피커를 팔고 있는데, 사실 이 회사들이 팔고자 하는 건 스피커가 아니라 마이크가 아닐까요. 소비자의 목소리를 담아내고 데이터를 수집하는 마이크. 마이크는 입력기이죠. 우리의 보

이스 데이터를 입력하고 수집하는 디바이스. '트로이 목마' 같다
는 생각이 드네요.

김영경(이하 영경) 저도 수현님 의견에 동의하는데요. 소비자에
게 편의를 제고하기 위해 보이스 서비스를 제공한다고 하지만,
결국 소비자의 데이터를 수집하는 도구로서의 보이스 인터페이
스가 기능한다는 점이 보이스 인공지능 서비스의 핵심으로 보
이네요. 보이스 인공지능 서비스는 우리가 의식적으로 뭔가를
묻거나 찾을 때만이 아니라, 언제나 주변 소리, 다시 말해 정보
를, 소비자 데이터를 수집하는 게 아닌가 하는 소비자의 우려도
쉽게 넘길 수 있는 부분은 아닌 듯해요.

수현 그러니까 우리가, 이용자가 이 스피커를 돈 주고 사는 게
아니라 거꾸로 돈을 받아야 하는 거 아닐까요. 페이스북이 이용
자 정보를 이용해서 광고주에게서 돈을 벌잖아요. 그 대가로 이
용자는 페이스북을 무료로 사용하고요. 그런데 그 이상으로 이
용자는 페이스북에 데이터를 주고 있잖아요. 이제 페이스북이
이용자에게도 돈을 줘야 한다고 생각해요. 마찬가지로 보이스
인공지능 서비스도 이용자에게 돈을 줘야 할 것 같은데요.

정수 알렉사는 에코로, 에코 룩으로, 에코 쇼로 구체화instantiation
되지만, 아마존은 결국 이를 통해 다양한 아마존 서비스가 쉽고
편하게 작동하길 원합니다. 제프 베조스는 킨들을 팔면서 '우리
는 서비스를 판다'라고 이야기했어요. 하드웨어 판매는 손해이

지만 아마존의 다양한 서비스를 제공함으로써 돈을 벌고 있다는 거죠. 마찬가지입니다. 아마존이 에코 팔아서 돈 벌려고 하는 건 아닙니다. 보이스 인공지능 서비스는 다양한 인터넷 서비스를 연결하는 플랫폼입니다. 여기에 실핏줄처럼 도처에 이용자 데이터들이 흘러 다니는 거죠.

트로이 목마? 틀린 표현은 아닙니다. 기업은 늘 돈 버는 데 가장 큰 관심이 있어요. 거룩하게 여러 말로 포장해도, 사실 그냥 물건 팔고 서비스 팔기 위해 존재합니다. 다만 그 방법이 진화하고 있고, 이용자 친화적으로 혁신에 혁신을 거듭하고 있는 것이죠. 그런데 이윤을 추구하는 행위 그 자체를 비판할 수 없는 것처럼, 기업의 행위 또는 의도를 트로이 목마라고 하면 다소 과하겠죠. 오히려 이렇게 비유하면 어떨까요? '스피커는 트로이 목마'다. 트로이 목마에서 진짜 중요한 것은 트로이 목마 안에 매복한 군사들입니다. 바로 이 매복한 군사들이 클라우드에 숨어 있는 다양한 서비스들인 거죠.

트로이 목마라는 메타포를 다르게 해석해봅시다. 아마존은 스킬 제작을 독려하고 있는데요, 스킬 생태계를 통해 앱스토어의 애플, 구글 플레이의 구글이 되고자 하는 것 아닐까요. 만약 아마존이 애플, 구글처럼 스킬 생태계를 크게 만든다면 수수료 구조가 중요해집니다. 현재 7대 3 구조는 사실 문제가 많죠. 물론 스마트폰 이전 이동통신사들이 지나치게 많이 가져갔던 수수료 구조와 비교한다면 7대 3은 혁신이었습니다. 그러나 이렇게 전 세계 앱 시장이 커지고, 이에 기반을 두고 매일 매일 무수한 거래가 세계 곳곳에서 진행되고 있는데, 계속해서 3을 플랫폼 사업자가 가져가는 것은 과하다고 봅니다. 만약 11번가가 알렉사 스킬을 만들어 서비스를 제공하고, 이용자가 이 스킬을 통해 11번가에서 물건을 구매한다면 아마존은 수수료를 요구할 수 있을 텐데요, 이 수수료는 정당할까요? 어느 수준이어야 적절할까요? 아니면 11번가가 스킬을 만드는 것을 막는다면? 물론 이는 시장 질서 교란이지만 가능한 시나리오입니다. 스킬 생태계가 커졌는데 스킬 사용에 기초한 과금을 아마존이 요구한다면 이것이 트로이 목마가 될 수 있겠죠. 보이스 인공지능 서비스 사업자는 스킬 생태계를 키우기 위해 노력할 것이고요. 점점 더 많은 스킬이 있을수록 이용자에게 유익하고, 이용자는 더욱 보이스 서비스를 사용할 것이고, 그럼 더 많은 데이터가 보이스 서비스 사업자로 흘러 들어갈 것입니다. 스킬 생태계가 마치 생활의 운영체계처럼 우리 삶을 지배할 것이고, 이를 통해 보이스 사업자는 그만큼 큰 돈을 벌 것이구요. 이것이 노림수, 트로이 목마 아닐까요.

가연 디지털 기술 기업의 발전 과정에 이용자들이 많은 정보를 제공해온 건 사실입니다. 그런데 생각해보면 기업은 예전부터 어떤 방식으로든 소비자 유익을 가로채왔고 노동력을 착취했어요. 데이터에 기반한 프로파일링은 두려운 일이긴 하지만, 소비자 유익도 높아지는 면이 분명 있어요. 사람의 삶이 훨씬 편해지고 있잖아요. 그리고 보이스 인터페이스는 청각장애인을 제외한다면 특히 정보에 대한 접근성accessibility을 크게 높입니다. 컴퓨터 사용법을 몰라도 보이스 인터페이스는 사용할 수 있으니, 노인이나 신체가 불편한 다수 장애인들도 쉽고 편하게 이용할 수 있죠. 이것은 매우 바람직한 이용자 효용 증대라고 생각합니다.

정수   보이스 또는 소리 정보를 진동의 형태로 전달하면서 청각장애인들도 과거보다는 조금은 진전된 접근성을 가질 수 있는데요, 이를 기대해봅니다. 청각장애인을 제외한다면 정보 접근성이 매우 큰 보편성을 가지게 될 것입니다. 인간의 가장 보편적인 의사소통 수단이 음성이며, 그 인간의 음성을 기계가 배우고 이해하는 것이 보이스 인터페이스이기 때문이죠. 인터페이스를 다룰 수 있는 능력이 부족하거나 제약을 받는 사람들에게 보이스 인터페이스는 큰 유익이 될 것입니다.

가연   건물과 교통수단의 접근성을 높이면 이동 장애인들에게만 유익이 돌아가는 것이 아니라 우리 모두에게 유익이 돌아가는 것처럼, 보이스 인터페이스도 마찬가지인거죠.

상거래, 소수 유통업체만의 승리가 될 것인가

영경 다들 긍정적인 효과는 많이 거론하시니 보이스 인공지능 서비스의 어두운 이면도 한번 언급해 보면 어떨까 하는데요. 예를 들어 아마존이 단순한 유통업체는 아니지만, 어쨌든 유통업체가 매우 큰 소비자 가치를 창출한다고 말하기는 어렵지 않을까 생각됩니다. 유통업자는 생산자가 창출한 가치를 소비자에게 전달하는 기능을 하는데, 유통업체가 힘이 강해질수록 생산업체는 유통업체의 하청업체와 유사한 지위로 전락하는 경우가 많고 앞으로 이런 경향은 더욱 강화될 것으로 보여요.

그리고 이러한 경향이 강화될 경우 소비자가 받을 손해는 소비자가 가격 결정력을 잃을 수 있는 부분이라고 생각됩니다. 보이스 인터페이스를 통해 상품을 추천해달라고 하면, 아마존 에코의 경우 PB를 포함한 두어 가지의 제품 외에는 추천하지 않는다고 들었습니다. PC 모니터나 스마트폰 화면을 통해 시각적 정보를 전달하는 것이 아닌 청각 정보를 전달하다 보니 그 선택할 수 있는 경우의 수가 당연히 제한될 수 있다는 거죠. 우리 책에서도 언급했다시피 실증 사례가 있는데, 에코에게 배터리 추천을 요구했더니 달랑 두 개의 제품을 추천했고 이것이 모두 PB

제품이었는데, 에코에게 '다른 것은 없어?'라고 물어보니 'That's all I have'라고 답했거든요. 이는 어쩌면 소비자에 대한 가격 조작price manipulation의 가능성을 보여 주는 사례인데, 에코는 추가 검색을 굳이 요구하지 않는 한 더 이상의 검색 결과를 알려주지 않는 것처럼 보였어요. 솔직히 에르메스, 샤넬처럼 브랜드 가치가 엄청 높은 몇몇 럭셔리 제조업체를 제외하고는 아마존이 정복 못할 브랜드가 없지 않나 싶은 생각이 들었습니다. 따라서 보이스 퍼스트로 인해 이렇게 유통업체가 제조업체를 하청화하는 현상이 점점 심화될 가능성이 높고, 이로 인해 소비자 불이익이 커질 수 있다고 생각됩니다. 더욱이 소비자의 가격 민감도 또한 중요한 정보로 수집 분석되어 활용되기 때문에, 소비자 입장에서 최적의 상품이 추천되는 것이 아니라 보이스 인공지능 서비스 업체의 입장에서 최적의 추천이 이뤄질 가능성도 배제할 수 없다는 것이죠. 소비자의 가격 민감도 또는 지불 의사와 관련된 데이터는 지금까지 정말 모으기 힘든 데이터였는데, 이를 소비자 전체나 특정 소비자 그룹으로 뭉뚱그리지 않고 개개인의 가격 민감도 또는 가격 민감도 범위를 모을 수 있다면, 가격과 관련해서 개인화된 추천이 가능하게 되겠죠. 보이스 인터페이스가 이렇게 소비자 가격 데이터를 모으고, 모바일이나 PC를 통해 다른 서비스에 담긴 해당 소비자의 가격 데이터를 모으고, 이렇게 모인 병합된 데이터를 인공지능이 분석한다면 정말 대단한 일이 벌어질 수 있을 것 같네요. 인공지능 덕분에 소비자는 계속해서 가격 결정력을 잃어버리고 프라이스 테이커로 전락할 것이고 결국 생산자 그리고 소비자 모두 불이익을 당할 가능성이 높을 것으로 예상됩니다.

정수 훌륭한 분석입니다. 절대 다수의 소비자가 소수의 보이스 사업자를 대상으로 가격 결정력을 잃을 수 있다는 점은 매우 중요합니다. 보이스 인공지능의 부정적 측면의 첫 번째가 개인 정보의 무분별 수집이고, 두 번째가 지금 말씀하신 부분인데, 시장의 우월적 지위 남용에 대한 감시가 어려워진다는 점입니다.

윤희 지금도 공정거래위원회가 쇼핑업체와 포털사이트를 유심히 관찰하고 있어요. 광고는 광고라고 크게 표시하라고 요구하는 등 계속해서 시장 질서를 공정하게 유지하기 위해 노력하고 있습니다. 그런데 사실 이것은 눈으로 볼 수 있기 때문에 가능한 일들이죠. 앞서 영경님이 말한 것처럼 보이스 인공지능 서비스 업체가 정말 개개인의 정보를 분석해서 추천을 정교하게 시도한다면 공정거래위원회가 이를 감시하기란 여간 어려운 일이 아닐 겁니다.

다수 사업자가 보이스 인공지능 서비스 시장에 뛰어들고 있는 이유

정수 SK텔레콤, KT, 네이버, 카카오 그리고 알리바바, 구글, 아마존 등 왜 이렇게 많은 플레이어가 시장에 진입하려는 걸까요?

선점 효과일까, 쇼핑 시장일까, 아니면 절박함일까

영경 결국 데이터 선점, 플랫폼 선점 때문이 아닐까 싶은데요. 기업이 매출을 올리기 위해서는 소비자 행위를 분석해야 하고, 이를 위해 데이터를 선점해야 하기 때문이겠죠. 퍼스트 무버first mover로서 시장 선점효과를 노리고 있다고 볼 수 있는데, 아무래도 소비자가 네이버 웨이브를 샀는데 다시 알렉사를 사거나 카카오 미니를 사기는 어려우니까요. 언젠가는 소비자 모두 음성 인식 인공지능 스피커를 한 대씩은 살 테고, 먼저 깔아 놓으면 확실히 플랫폼 선점 효과가 있지 않을까요?

정수 퍼스트 무버 어드밴티지도 있을 수 있지만 시장에 먼저 들어가 소비자 실망도 먼저 얻을 수 있습니다. 오히려 역효과가 날 수도 있죠.

성미 알렉사가 아직 영어밖에 되지 않아 답답할 때가 많아요.

다른 대안으로 무엇을 살까 고민 중이라, 네이버 클로버, KT 기가지니, SK텔레콤 누구 등을 살펴봤는데요. 첫 번째 고려 조건은 그 회사가 제공하는 서비스가 무엇인가 하는 것이었습니다. 왜냐하면 다들 자사 서비스를 이용하는 데 가장 편리하게 만들 것이기 때문이죠. 예를 들어 제가 검색이나 번역을 많이 사용하면 네이버를, 카카오톡이나 카카오 택시를 자주 이용한다면 카카오 미니를 선택하게 되겠죠. 다시 말하면 인공지능 스피커는 사람들로 하여금 자사 서비스를 더 편리하게, 더 많이 이용하도록 하는 장치입니다. 즉 인공지능 스피커를 서둘러 출시함으로써 사람들을 자사 플랫폼으로 더 많이 끌어들이고자 하는 전략이 아닐까요? 보이스를 선점하면 자사 서비스에 대한 마케팅 효과와 잠금 효과가 동시에 가능하니까요.

수현　플레이어들이 '이 시장은 선점하는 것이 중요하다'고 생각하지 않을까요? '누구'의 경우 기대치에 비해 초기 완성도가 떨어졌다는 평가를 받았던 걸로 알고 있는데요, 그런데도 판매가를 낮춰가며 시장 출시를 서두른 것은 선점효과 이외에는 설명되지 않는 것 같습니다. 10만 원 정도 하는 스피커의 교체 기간은 짧지 않겠죠. 먼저, 그리고 한번 거실을 점령하면 완성도 문제는 해결할 수 있을 겁니다. 하드웨어 업데이트가 아니라 온라인에서 소프트웨어 업데이트가 진행되는 방식으로 서비스 질과 완성도를 계속 높일 수 있으니까요. 스피커 선점이 아닌, 플랫폼 선점의 중요성을 알고 있기 때문에 다들 서두르고 있는 것이라 생각합니다.

승훈 인류가 존재하는 한 불멸의 비즈니스 모델은 쇼핑과 광고라는 점을 감안하면, 상거래 사업자인 아마존이나 알리바바가 보이스 인공지능 스피커를 만드는 건 아주 잘 이해가 됩니다. 아마존은 간편 결제 이후 대쉬 버튼, 에코 등 쇼핑을 편하게 하는 방향으로 접근하고 있구요. 이들은 쇼핑이라는 궁극의 수익화 수단을 가지고 있어요. 그런데 다른 기술 기업의 경우, 보이스 인공지능 서비스를 가능케 하는 데이터 수집, 인공지능, 클라우드 기술 등 기반 기술enabling technologies 구축과 데이터를 확보하는 것을 우선순위로 두고 있는 것 같은데, 수익화에 대한 방안은 좀 더 지켜봐야 할 것으로 생각됩니다.

성미 통신사는 문자 메시지 서비스로 수익을 내다가 스마트폰이 나오니 카카오톡 등 메신저에 완전히 그 자리를 내주었어요. 언론이나 작은 쇼핑몰로 모바일 인터페이스를 선점하지 못한 곳은 빠르게 위축된 경험이 있고요. 어찌 보면 이번 보이스 인공지능 전쟁은, '선점하지 않으면 자리를 빼앗긴다'는 절박함의 측면이 있는 것 같습니다. 텔레그램은 시리를 통해 보이스로 메시지를 보낼 수 있어요. 그런데 만약 모바일 시대가 끝나가는데 카카오톡이 보이스 인터페이스를 제공하지 않는다면? 모바일 시대의 영광은 금방 과거가 되어 버리지 않을까요.

승훈 SK텔레콤, KT 또한 스마트홈, IPTV 등 IoT 사업을 강화하고 있는 것으로 알고 있어요. 음악 서비스를 가진 기업들도 포함해서, 자신들이 가진 서비스 및 강점을 앞세워 보이스 인공지능 전쟁에 참여하는 것 같습니다.

이용자와의 접점 그리고 데이터 네트워크 효과

해강 보이스 인터페이스의 폭발력 중 하나는, 보이스가 다양한 서비스를 컨트롤할 수 있는 이용자와의 최초의 접점이 될 수 있다는 점입니다. IoT, 즉 기계와 기계들이 연결되면 이 연결된 기계를 쉽게 제어할 수 있는 인터페이스가 필요한데, 그 첫 번째 접점이 될 유력한 후보가 보이스와 스마트폰입니다. IoT 시대가 오면, 홈 오토메이션뿐 아니라 자동차 등 인간이 생활에서 접하는 모든 기계를 보이스를 통해 제어할 수 있게 되겠죠. 이렇게 되면 보이스 인터페이스는 플랫폼으로 발전할 수 있을 겁니다.

정수 데이터 네트워크 효과 측면도 중요합니다. 특정 서비스의 성능이 인공지능을 통해 진화할 때 나타날 수 있는 효과죠. 특정 서비스를 쓰면 쓸수록 이용자의 데이터가 모이고, 이 데이터가 머신 러닝을 학습시키고, 이렇게 진화한 인공지능이 다시 서비스 성능을 개선하고, 서비스가 좋아지니 이용자가 더 몰리는 방향으로 데이터를 매개로 한 선순환이 발생할 수 있습니다. 이를 데이터 네트워크 효과라 부릅니다. 이건 거꾸로 질문할 수 있어요. '다수 이용자와의 접점을 가지고 있는 서비스를 보유한 기업은 서둘러 보이스 시장에 뛰어들어 데이터 네트워크 효과를 꾀해야 한다. 그런데 현재 보이스 인공지능 서비스를 제공하는 사업자 중 인공지능 기술을 결합시킬 수 있는 서비스를 가지고 있는 곳은 어디일까?' 이렇게요. 삼성전자의 빅스비는 비브viv라는 훌륭한 알고리즘을 가지고 있지만 소비자와 직접 만날 수 있는 서비스가 없습니다. 갤럭시를 장악하고 있어도 구글 홈과 에코를 구매한 이용자가 자신의 스마트폰에 관련 앱을 설치하는 것을 막을 수 없죠. 스마트폰만 장악해서는 안 되기 때문에 애플도 스피커 출시 계획을 발표했고, 삼성전자도 마찬가지입니다. 데이터 네트워크 효과를 고려한다면, 이미 대중적인 서비스를 가지고 있는 카카오, 네이버 그리고 아마존, 구글 등이 유리한 입장이라 할 수 있습니다. 아마존의 경우 인간과 인간을 연결하는 서비스를 가지고 있지 않습니다. 이러한 배경에서 최근 아마존이 인스타그램과 유사한 '스파크'라는 서비스를 시작했다고 해석할 수 있겠죠. 에코 쇼에 전화 기능이 들어간 것도 주목할 대목입니다. 기계와 기계를 연결하는 커뮤니케이션에서도 보이스 인공지능이 큰 역할을 할 수 있지만, 인간과 인간을 연결하는 커뮤니케이션에서도 그 역할이 있죠. 이 두 영역 모두에서 대중적인 서비스를 가진 기업이 보이스 시장 경쟁에서 유리할 거라 봅니다. 삼성전자의 빅스비 광고를 보면 메시지를 보내는 장면이 나오는데요, 근데 왜 이용지가 빅스비를 호출해서 메시지를 보내야 할까요? 오히려 카카오의 '라이언'이나 라인의 '브라운'에게 부탁하지 않을까요? 손에서 보이스로 행동을 바꾸기 위해서는 이용자에게 보다 친숙한 행동의 동반자가 필요합니다.

영경 인간의 생활과 밀접한 상거래와 가장 관련 있는 알리바바나 아마존이 보이스 인터페이스 강자가 되는 것은 현재로서는 당연한 수순인 것 같아요. 그리고 알리바바나 아마존은 특정 개인의 과거 데이터에 기반해서 이미 어느 정도 미래를 예측하는 능력을 가지고 있다고 생각합니다. 조지 오웰George Orwell이 말한 '빅브라더Big Brother'가 사실 스피커가 아닌가라는 생각이 들 정도로 앞으로 개인의 생활 패턴을 많이 알게 될 테니까요. 쇼핑으로 개인의 취향을 알 수 있는데, 보이스 인터페이스까지 나서면 정말 많은 데이터를 모을 수 있지 않겠어요? 그런데 개별 개인에게서 데이터를 모으는 데는 아직 한계가 많고, 그러다 보니 아직은 정교한 예측 능력은 의심스럽지만 정말 많은 사람들로부터 데이터를 모으게 되면, 유사한 특성을 가진 개인을 그룹핑Groupping할 수 있고, 이들 집단의 생활 습관을 보다 총체적으로 분석할 수 있을 것 같아요. 이때 비슷한 특징을 가진 집단이 향후 어떤 생활 습관을 가질 것인가를 예측하는 다양한 기술, 즉 일반화 수준이 높은 다양한 예측 기술이 먼저 진화할 가능성이 높아 보이고요.

이건 조금 다른 결의 이야기인데, 다들 아마존이 한국에 들어

오면 어떤 영향이 있을까를 많이 고민하면서 결국 데이터를 많이 가지고 있는 유통업체를 인수합병하지 않겠냐는 예상을 하더라고요. 그런데 우리나라 유통업체들에게는 사실상 고객 데이터, 특히 아마존이 필요로 하는 의미 있는 구조화된 데이터가 모두 매우 부족한 상태로 알고 있거든요. 그래서 아마존이 한국에 들어와도 자신들이 원하는 데이터를 가진 유통업체를 찾기는 힘들 것이고 결국 구조화된 데이터를 얻기 위해서는 원점에서 시작할 수밖에 없다고 생각해요. 단 아마존이 대시 버튼과 에코를 어떤 방식으로든 매우 저렴하게 널리 배포한다면, 기존 한국 유통업체를 다 제치고 의미 있는 데이터를 가장 먼저 모을 수도 있지 않을까 생각해요.

주제 5.
보이스 인공지능 서비스의 킬러 기능 또는 킬러 앱

정수 그렇다면 초기 킬러 앱은 무엇일까요? 이용자가 '바로 이거야' 하며 가장 많이 이용할 기능은 뭐가 될까요?

보이스로 카카오톡을 한다면

영경 스피치 투 텍스트speech to text 기능이요! 카카오톡 같은 메시징 서비스죠.

정수 근데 'ㅋㅋㅋ', 'ㅠㅠ' 등은 어떻게 전달하죠. 수많은 이모티콘은? 이모티콘을 보이스로 못 보낸다면 계속 스마트폰을 사용하지 않을까요?

형석 얼굴 인식을 같이 해서 얼굴 표정을 이모티콘으로 보내는 것도 가능하겠어요. ^^

성미 이모티콘은 아직 보낼 수 없지만, 스피치 투 텍스트 기능은 매우 유용합니다. 시리로 메모 기능을 많이 쓰고, 길거리나 지하철에서 시리로 메시지 보내기도 종종 이용합니다. '시리야 텔레그램으로 누구에게 메시지 보내줘'라고 하면 매우 편하거든요. 그리고 맥OS에도 시리의 음성 인식을 이용한 받아쓰기 기능이 있는데요, 이것으로 맥북에서 글을 작성할 수 있습니다. 마침표 찍기, 줄 바꾸기 다 돼요. 보이스로 글을 써 보면 종종 키보드보다 훨씬 편리하다고 느낄 때가 있어요. 그래서 메시징, 타이핑 앱들이 중요한 역할을 할 것이라고 생각합니다.

사람의 액션을 대신해주는 기계, IoT

래형 IoT 연결을 통해 불 켜기라든지 하는 홈 오토메이션 기능이 중요해지지 않을까요. 개인적으로 필요성을 많이 느끼고 있습니다. 아이언맨의 '자비스'나 저커버그가 만든 홈 오토메이션처럼 말이죠.

영경 홈 IoT에는 좀 의구심이 있는데요. 20년 전부터 유비쿼터스라며 엄청 떠들어 왔지만 표준 프로토콜 문제도 있고, 보이스 인터페이스가 등장했다고 바로 바뀔 수 있을지에 대해서는 여전히 물음표에요.

해강 그렇습니다. IoT가 일상 생활에 파고들기까지는 조금 더 시간이 필요합니다. 하지만 스마트 센서나 다양한 무선 통신망 같은 IoT 기반 기술도 빠르게 진화하고 있고, 기업들의 투자도 활발하기 때문에 마냥 오래 걸리지만은 않을 것 같습니다. 기본적으로 컴퓨터는 연산 능력, 기억 능력 등 사람의 뇌 기능을 모방해서 만든 것인데요, 지금의 컴퓨터는 외부의 신호를 받아들여 이를 해석하고 처리하는 데는 뛰어나지만 실제로 액션을 취할 수 있는 장치가 많지 않다는 점에서 인간의 몸과는 많이 다릅니다. 사람이 하는 행동은 뇌를 통해 제어되지만, 아직 컴퓨터가 명령을 내려 할 수 있는 일상 생활에서의 동작에는 한계가 있죠. 에코와 같은 보이스 인터페이스에서 통신 네트워크가 사람의 신경망에 해당한다고 보면, 사람의 뇌에 해당하는 것이 클라우드 데이터 센터에 있는 알렉사 같은 인공지능 알고리즘이 되겠죠. 하지만 알렉사와 같은 인공지능은 사람처럼 행동하는 액션 수단이 많지 않습니다. 그런데 나중에 보이스 인터페이스에 IoT망이 연결되고, IoT에 연결된 기계의 수가 크게 증가한다면 사람이 할 수 있는 많은 일을 인공지능이 할 수 있게 될 겁니다. 컴퓨터가 할 수 있는 액션과 함께 제공되는 서비스의 수가 무궁무진하게 증가하겠죠.

승훈 알리바바와 아마존의 전망이 좋지만, 샤오미Xiaomi 스피커를 보며 또 한 번 놀랐습니다. 그동안 샤오미가 출시한 가전 전자제품들을 보면 저렴한 가격으로 집안 구석 구석에 샤오미의 제품을 저인망으로 보급하는 인상을 가졌습니다. 그런데 한동안 잠잠하다가 이렇게 보이스 인공지능 스피커 출시 소식을 들으니, 이미 쫙 깔린 샤오미 제품들을 인공지능 스피커가 뇌의 역할을 하며 연결하려는 건 아닌가 하는 생각에 샤오미의 향후 행보가 크게 기대됩니다. 보이스 인터페이스와 결합된 커머스의 미래를 아마존과 알리바바가 알려준다면, IoT 측면에서는 샤오미가 보이스와 IoT의 결합을 보여줄 수 있지 않을까 생각합니다.

수현 샤오미는 스마트폰뿐 아니라 공기청정기, 로봇청소기, 미세먼지 마스크, 체중계, 전동 킥보드, 전동 휠, CCTV, 전등, 세탁기 등 별별 수백 종의 기기를 저가로 판매하고 있어요. 이를 보이스 인공지능 서비스가 연결한다면, 그 효과가 기대됩니다. 샤오미 스피커와의 대화로 집안에 있는 모든 샤오미 가전제품을 컨트롤할 수 있고 음성으로 상태를 알려준다면 정말 편하겠죠. 모든 집안의 가전제품들이 말을 알아듣고 음성으로 자기 상태를 알려줄 수 있게 된다면요.

정수 스마트폰이 처음 나오고 앱스토어가 등장했을 때, 언론사와 방송사는 '야, 드디어 유료 앱을 설치해 구글이나 네이버가 아닌 언론사나 방송사 앱을 자주 사용하게 된다면, 이렇게 독자와 시청자의 행동 변화가 가능하겠다'라고 생각했습니다. 독일 미디어 기업 악셀 슈프링어Axel Springer의 대표는 '스티브 잡스에게 매일 감사 기도를 드려야 한다'고까지 이야기했죠. 그런데 대부분 실패했습니다. 앞으로 다양한 형태의 보이스 생태계가 탄생하고 성장할 겁니다. 그렇다면 보이스 인공지능 서비스 사업자 외에도 보이스 생태계에서 이득을 보는 서비스나 업체들이 다수 있지 않을까요? 어떤 업체나 서비스가 득을 볼 수 있을까요? 이번에도 게임업체가 득을 볼까요? 그 반대로 실패를 맛볼 서비스 또는 기업, 산업군은 어딜까요?

결국, 엔터테인먼트

수현 오늘 아쉽게도 엔터테인먼트, 콘텐츠 산업에 대한 이야기가 없었네요. 상거래 얘기가 많이 나왔는데요, 이게 보이스의 모든 것은 아니지 않나요? 몇 년 전 딸이 사촌 언니의 장난감 인형을 갖고 노는 걸 본적이 있습니다. 그 인형에는 스무고개 놀이를 할 수 있는 IC 칩이 들어 있는데, 인형이 몇몇 질문을 아이에게 하면 아이는 예/아니오만 답할 수 있는 거였어요. 동물 이름을 맞히는 인형이었는데요, '다리가 네 개입니까?', '크기가

전자레인지보다 큽니까?' 이런 질문들을 인형이 하면, 아이가 네, 아니오 하는 답을 듣고 아이가 생각하는 동물이 뭔지 인형이 맞히는 거였죠. 그런데 이걸 아이가 몹시 신기해하고 재미있어 했습니다. 이렇게 낮은 수준조차도 매우 즐거워하는데, 사람들이 수다 떨고 싶을 때나 외로울 때, 혼술할 때, 누군가와 함께하고 싶은 순간에 보이스 인공지능 서비스가 낮은 수준의 대화, 퀴즈, 인터랙티브한 이야기로 인간에게 재미를 선사할 수 있을 것 같습니다. 대화 파트너로서 의미가 있는 거죠. 갑자기 뜬금없는 게임을 하자고 해도 재미있을 것 같아요. 엔터테인먼트 기능을 간과해서는 안 된다고 봅니다. 스마트폰 앱 마켓도 매출의 90퍼센트 가까이가 게임에서 나옵니다. 인류 역사에서 언제나 새로운 디바이스는 포르노와 게임이 키워왔다고 하죠. 좀 더 나아가면 보이스 포르노도 가능하지 않을까요? 팟캐스트에서도 야설이 꽤 인기 있는 콘텐츠라고 합니다.

성미 알렉사 스킬스 중에서도 게임이 톱 순위예요. 배트맨과 슈퍼맨이 나오는 스토리 게임 '웨인 인베스티게이션The Wayne Investigation'이 상당히 인기인데요, 이용자가 선택하는 선택지에 따라 스토리가 달라지는 게임이에요. 유희는 디바이스 초기 확산에 늘 중요한 역할을 해 왔죠.

수현 온라인 게임의 시초는 '머드게임MUD, multiple user dungeon game'이었습니다. 이 머드게임은 화면에 텍스트만 있는 게임이었는데요, 글자만 나오는 화면을 보면서 밤새 게임을 했어요. 여기엔 사람의 상상력이 중요한 역할을 했습니다. 텍스트로 화면에 쓰여진 이야기를 머리 속에 그려가며 상상 속의 세상, 게임 속 세상에 빠져들었던 것이죠. 보여주는 것이 없었기 때문에 더 재미있었던 게임이 머드게임이었습니다. 보이스가 텍스트를 보여주지 않음으로써 오히려 상상력을 자극할 수 있습니다.

정수　말씀하신 것처럼 보이스 스토리텔링을 어떻게 인터랙티브하게 제공하느냐는 중요합니다. 영국 〈가디언〉도 보이스 '체험'을 강조한 스토리텔링에 한창이라고 합니다. 이를 게임으로 분류하느냐 또는 심지어 저널리즘으로 분류하느냐는 두 번째 문제인 것 같네요. 보이스 인터페이스가 이용자에게 스토리를 새롭게 체험할 수 있게 할 수 있느냐가 첫 번째 문제죠.

가연　대화형 연애 시뮬레이션도 인기 있을 것 같아요. 알렉사가 '오빠, 내가 왜 화났는지 몰라?'하면서 연애 교육을 할 수 있지 않을까요? (일동 웃음) 이른바 연애 학습 게임! 대박 날 것 같은데 저희 빨리 스타트업 하나 만들죠.

윤희　제가 아는 분 중에 '듀오Duo'에서 나와 연애 코치를 사업으로 하시는 분이 있는데요, 이 분의 콘텐츠를 보이스 서비스로 제공해도 인기 있을 것 같습니다.

정수　그렇죠. 점이나 운세를 인터랙티브 스토리 서비스로 제공해도 재미있을 겁니다. 보이스 봉봉vonvon도 가능하지 않을까요.

보이스를 통해 커머스보다 먼저 인기를 얻을 영역이 엔터테인먼트 같습니다. 커머스보다 구현이 쉽고, 소비자 신뢰, 공정 거래 이슈 등도 없고요. 지금 이런 이야기들은 책에서 뺄까요? 좋은 사업 아이템인 것 같아서요. (웃음) 이미 스킬로도 나와 있지만 자장가 또는 잠들 때 들려주는 이야기도 다양하게 쏟아질 겁니다. 연애 시뮬레이션도 성격, 연령대에 맞게 변화가 가능하지 않을까요. 목소리도 다르게…. 스킬 이름은 '오빠'가 좋을 것 같네요.

해강 다소 원론적인 이야기지만, 보이스 인터페이스는 엔터테인먼트 영역도 그렇고 다양한 영역의 스킬과 함께 인간의 경험을 총체적으로 바꿔나갈 겁니다.

성미 중요한 이야기를 놓쳤네요. 사람들의 모바일 사용이 폭발적으로 증가한 것은 사람과 사람을 연결해주는 서비스들 때문이었습니다. 페이스북, 트위터, 메신저가 그렇죠. 혼자 쓰는 앱은 금방 사용을 멈추게 되지만, 사람들과 함께 써야 하는 앱은 전염되니까요. 주변에서 다 쓰기 시작하면 나도 써야 하기 때문이죠. 보이스 인터페이스에서도 결국 휴먼 투 휴먼human to human 스킬이 핵심이 되지 않을까 합니다. 이러한 시도로 보이는 것이 에코 쇼의 드롭 인drop-in 기능인데요, 에코 쇼는 사람과 사람을 더 밀접하게 연결합니다. 서로에게 화상 전화를 거는데 목소리로 전화를 받고 목소리로 전화를 건다고 생각해보세요. 마치 방문을 두드리는 사람에게 문을 열어 주는 것과 마찬가지일 겁니다.

정수　보이스가 전면에 서면, 예를 들어 엄마와 통화하는 것이 중요하지, 그 망을 SK텔레콤, KT, LGU+ 어디를 사용했는지는 부차적인 문제가 됩니다. 에코 쇼 같은 경우는 사실 보이스 서비스가 사람과 사람 사이의 커뮤니케이션을 지배하게 된다는 의미입니다. 엄마와 통화하고 싶을 때 보이스 인터페이스가 이를 얼마나 빨리, 안정적으로 구현할 수 있느냐가 중요하게 되는 거죠. 개별 서비스의 브랜드가 부차성을 갖고 서비스 핵심 자체를 구현하는 것이 중요해질 것이고, 그 결과 시장의 키플레이어가 바뀔 가능성도 많습니다.

주제 6.
보이스 퍼스트 월드에 대한 기대 또는 두려움

정수　마지막으로 보이스 시대에 대한 각자의 기대 또는 두려움을 들어보고 싶습니다. 우리 세대 또한 보이스 인터페이스에 차차 적응해 가겠지만, 다음 세대의 경우 '보이스 네이티브voice native'일 것입니다. 미국 데이터를 보면 연령이 낮을수록 보이스 검색 비율이 높다고 합니다. 보이스 인터페이스에 대한 저항감이 적다고 할 수 있는 거죠. 이 아이들에게 하고 싶은 말은 없을까요?

가연 정보 인권 활동가로서 우려되는 부분은 프라이버시의 종말입니다. 개인 정보와 정보 보호라는 개념들이 재정의되어야 할 것 같아요. 기업이 데이터를 활용하는 것은 막을 수 없고, 그 과정에서 개인의 정보 인권을 어떻게 지킬 수 있을 것인지가 중요하다고 생각해요. 그런데 인간 사회는 문제를 만나면 늘 이를 해결하는 방법을 찾아왔듯이, 데이터 독점 문제도 마찬가지일 거라 생각합니다. 보이스 인터페이스 시대에 한 특정 기업에게 지배당하는 그런 디스토피아는 오지 않을 것이라 봅니다. 현재는 에코, 알렉사 덕분에 아마존의 지배력이 커 보이고 앞으로 지배력을 강화할 것 같지만, 생각해보면 구글, 페이스북 같은 IT 기업들이 세계를 지배한 지 10년도 되지 않았어요. 아마존을 견제하는 기업이 분명 나올 것이고 깨인 시민들, 이용자들이 데이터 독점 해결책을 찾을 수도 있고요. 너무 낙관적인 것일 수도 있지만 영화 〈인터스텔라Interstellar〉를 인용한다면, '우리는 방법을 찾을 것이다. 늘 그랬듯이We will find a way. We always have.'

래형 보이스 플랫폼을 향해 한국의 다수 기업들이 뛰어들고 있는 시장 초창기입니다. 한국 기업 중에서 보이스 서비스와 관련해 데이터 수집이나 자연어 처리 기술 등에서 기초 체력이 강한 기업은 아직 눈에 띄지 않네요. 보이스 플랫폼 경쟁 시장에서 킬러 앱, 킬러 콘텐츠를 제공하는 한국 기업들이 많이 나왔으면 좋겠습니다. 모바일 시장에서 굉장히 많은 한국 업체들이 뛰어들고 다양한 시도들을 해 왔지만, 삼성전자나 네이버, 카카오 등을 제외한다면 글로벌 수준에서 크게 성공한 기업은 많지 않습니다. 보이스 플랫폼과 이의 기본 기술인 인공지능 기술에 대한 투자를 한국 기업들이 적극적으로 그리고 절박하게 진행했으면 하는 바람입니다.

형석 보이스를 인터페이스 중 하나로 바라본다면, 센서-액추에이터sensor & actuator 기술은 인간 오감을 가장 인간적으로 표현하는 방향으로 발전해나갈 것입니다. 더 나아가 기계만이 할 수 있는 여섯 번째 감각을 발전시킬 수도 있겠죠. 기계의 인간적인 감각이 발전할수록 사회도 유익을 얻을 것이고, 관련 인공지능 기술도 크게 성장할 거예요. 이러한 기계 감각 발전의 출발점이 보이스이고, 보이스는 지금까지 그 어느 기술보다도 인간 친화적입니다.

해강 기계가 사람을 많이 닮아가고 있습니다. 사람이 컴퓨터와 접점을 형성하는 것의 궁극적 목표는 사람의 생각을 현실에 실시간으로 구현하는 것이죠. 앞으로 보이스 외에도 제스처, 브레인 인터페이스를 주목할 만하다고 봅니다. 앞으로 보이스를 비롯한 다양한 인터페이스 기술의 발전은 딥러닝/머신러닝 기반의 인공지능 기술의 발전과 함께하게 될 것이고, 이와 관련해 세 가지 기반 기술을 주목할 필요가 있다고 생각합니다. 그 첫 번째가 사람의 신경망에 해당하는 네트워크 기술입니다. 드롭 박스나 원 드라이브, 구글 드라이브 같은 클라우드 서비스가 소비자들에게 널리 퍼진 것은 4G 통신망이 상용화되고 나서부터입니다. 마찬가지 이유에서 5G 망이 상용화되면 영상을 비롯한 더 많은 데이터들이 활발하게 흘러 다니면서 인공지능이 비약적으로 똑똑해질 수 있습니다. 네트워크를 통해 오고 가는 데이터의 질과 양이 폭증하면서 인공지능이 똑똑해지고 인터페이스의 성능도 좋아지는 것이죠. 두 번째가 사물인터넷IoT입니다. 기계들끼리 서로 데이터를 주고받는 시대가 열리면, 지금까지는 사람이 기계에게 데이터를 퍼주면서 인공지능을 훈련시키는 것뿐만 아니라 앞으로는 사람의 손을 안 거치고 기계들이 알아서 직접 데이터를 퍼간 다음 인공지능을 트레이닝시키겠죠. 마지막으로 뇌과학의 발전에 주목할 필요가 있다고 봅니다. 기계와 대화하기 위해선 사람에 대한 이해가 점점 더 중요해질 텐데요, 그중에서도 특히 아직까지도 많은 부분이 미지의 영역으로 남아 있는 사람의 뇌에 대한 이해가 점점 더 중요해질 것입니다.

수현 컴퓨팅, 인터페이스는 인간이 편하게 쓸 수 있는 방향으로 발전해 왔습니다. 그 속도도 빠르고요. 사실 모바일 시대에도 키보드를 이용하지 않는 것은 아니죠. 각 입력 디바이스별로, 인터페이스별로 장단점이 있습니다. 키보드와 마우스에서 스마트폰 터치로 넘어오면서 겪었던 변화만큼 보이스 인터페이스, 보이스 인공지능이 큰 혁명적 변화를 가져올 것이라 생각합니다. 우리가 지금까지 얘기한 앞의 대화를 보면, 데스크탑과 스마트폰에 이미 있는 서비스들이 보이스에서도 킬러 앱, 킬러 콘텐츠가 될 수 있다고 이야기했습니다. 그만큼 보이스로도 많은 것이 가능하다는 이야기일 테고, 이미 기업들이 이를 인지하고 있습니다. 그래서 앞다퉈 뛰어들고 있고, 앞으로 더 많은 플레이어들이 시장에 등장하면서 보이스 시장은 더욱 커지겠죠. 그 가운데 제2의 애플, 제2의 구글이 등장할 수 있지 않을까요. 공상과학 소설이나 영화에서 보면 인간이 이용하는 가장 진화한 기능이 홀로그램과 보이스로 묘사되는 게 많습니다. 사람과 사람의 커뮤니케이션에서 텔레파시는 아직 실현되었다고 볼 수 없으니, 기계와 인간의 소통에 있어서도 보이스가 가장 진화한 인터페이스가 아닐까 합니다.

성미 데이터 수집에 대한 우려를 많이들 하는데요, 페이스북도 똑같은 문제에 봉착해 있었죠. 그런데 지금은 우리가 적극적으로 페이스북에 내 프로필, 사생활을 매일같이 올리고 있지 않나요. 우리는 이미 사생활을 공유하는 데 익숙해 있습니다. 그 서비스를 사용하고 싶기 때문이죠. 보이스나 인공지능처럼 데이터와 서비스가 민감하게 연결된 지금, 앞으로 데이터 공유는 더욱 피할 수 없는 일이 될 것 같습니다. 결국에는 이 모든 서비스를 사용하려면, 다시 말해 편리함을 얻으려면 데이터를 주어야 하고, 데이터를 지키려면 편리함을 포기해야 하겠죠. 선택의 문제 아닐까요?

승훈 보이스는 인간이 컴퓨팅을 다루는 것을 더욱 쉽고 편하게 만들어 주고, 새로운 커뮤니케이션의 기회와 수단을 제공합니다. 인간의 삶을 편하게 만드는 경험을 제공한다는 점에서 보이스는 획기적인 전환점이죠. 보이스는 인공지능 기술과 서로 맞물리며 발전하기에 기존의 인터페이스와 다른 독특한 유익을 제공할 것입니다. 세스 고딘Seth Godin이 2014년에 쓴 '검색 대 발견Search vs. Discovery'[180]이라는 글을 보면, 검색search은 내가 원했던 것을 찾는 행위이고, 발견Discovery은 나도 몰랐던 것을 알게 되는 행위라고 설명하고 있습니다. 질문에 답을 제공하는 검색도 중요하지만, 내가 몰랐던 아이디어와 만나게 되고, 몰랐던 친구를 사귀고, 몰랐던 기회를 알게 되는 등 발견의 서비스를 제공하는 일도 중요한 일이죠. 보이스와 인공지능이 결합해 이러한 발견의 경험을 제공하는 일도 중요합니다. 유발 하라리Yuval Noah Harari의 2017년 초 〈타임〉지 인터뷰[181] 말미를 보면, 에코를 살지 말지에 대한 질문을 받는데요, 하라리는 '나도 안 사고는 못 버틸 것 같다'며, '에코가 있어야 생활이 될 것 같다'고 답합니다. 또한 하라리는 '기술 진보의 향연을 멈추게 하려고 노력하지는 않을 것'이라며, '기술 진보를 뛰어넘기 위해 노력할 것이다'고 덧

붙입니다. '에코가 나를 알아가는 것보다 빨리 에코를 통해 나 자신을 알기 위해 노력할 거야'라는 말이 인상적이더군요. 보이스 인터페이스의 편안함을 즐길 수 있어야 합니다. 보이스가 인공지능과 결합하여 등장하는 개인화된 서비스를 즐길 수 있어야 합니다. 이를 통해 인간이 스스로를 더 알아가고 또 무언가를 발견하는 삶을 즐기는 방법, 발전하는 방법을 알아갔으면 합니다.

윤희 저는 하라리 인터뷰의 마지막 질문과 답변을 다르게 해석합니다. 하라리는 '에코를 구매하고 싶지 않지만 그럴 수 없다'고 이야기한 거라고 생각해요. 에코를 구매하지 않은 내 생활이 불편해지는 수준까지 보이스 기술이 발전하기 때문이죠. 자기는 어쩔 수 없지만 선택하게 될 것이다는 얘기라고 봅니다. 그러면서 마지막에 '아마존 에코가 나를 나 자신보다 더 잘 알게 되는 세상이 오면, 이는 끝이다If Amazon knows you better than you know yourself, then the game is up'라고 이야기하죠. 그런데 많은 사람들이 모두 자기 자신을 치열하게 성찰하려는 의지를 가진 유발 하라리가 될 수는 없습니다. 많은 사람들이 정보를 능동적으로 해석하기보다는 수동적으로 받아들이지 않나요? 이런 상황에서 자기 자신을 네이버보다, 아마존보다, 페이스북보다 더 잘 알지 못하게 되는 시점이 오지 않을까요?

영경 '올 것이 왔다'는 느낌이에요. 우리가 늘 두려워하던 빅브라더가 국가였다면, 국가보다 더 진화된 빅브라더 시대가 도래한 느낌이에요. 그 과정에서 특정 IT회사의 독점 체제는 더욱 공고화될 것으로 생각되는데, 유발 하라리처럼 보이스 인공지능 서비스를 어쩔 수 없이, 어딘가 조금 찝찝한 구석이 있지만 저도 결국은 사용할 것 같아요. 저는 금융권에 10년 이상 근무하면서도 은행 앱을 잘 믿지 못해 되도록이면 창구를 이용하곤 했고, 기술에 대한 불신이 좀 있는데, 사람들과 함께 살아가려다 보니 너무 불편했죠. 어쩔 수 없이 작년부터 토스를 이용했고, 은행 앱도 설치하고, 모바일로 빨리 빨리 소액 결제를 해야 하니 페이pay 서비스도 몇 개 가입했어요. 함께 사는 사회의 구성원으로 살기 위해 나만 기술을 거부하며 살기란 쉽지 않더군요. 그리고 그렇게 기술을 받아들이다 보면 생활이 편해지는 거고. 이러한 경험치가 쌓이고 있기 때문에 이제 저도 보이스 인공지능 서비스를 거부하지 못할 것 같아요.

빅브라더, 데이터 독점…. 알면서도 개인으로서는 어쩔 수 없다는 생각이죠. 기술 진화로 인간 개인은 더욱 파편화되고 있으니 보이스 서비스로 인간과 인간의 직접 대화는 더욱 줄어들고 인간 소외가 더욱 가속화될 가능성도 있다고 봅니다. 자본의 본질을 생각한다면, IT업체의 독점 체제는 시간이 지날수록 더욱 공고화될 것 같네요. 잘되는 기술 영역에 거대한 자본이 몰리고, 국가도 기술 기업의 빅브라더를 제어하기는 쉽지 않을 것 같아요. 솔직히 새로운 기술에 대한 기대가 많기도 하지만, 국가도 개인도 제어하기 힘든 기술 기업 지배 사회가 올 것 같아 걱정이에요. SF영화를 사랑하는 저에게는 기대 반 우려 반이라는 말이 요즘처럼 가깝게 다가온 적이 없네요.

정수   30년 전인 1987년, 부모님이 집에 무선 전화기를 사주기를 간절히 원했습니다. 집에 딱 한 대 있는 유선 전화기로 여자 친구와 연애를 한다는 일은 정말 힘든 일이었거든요. 당시 자율주행차는 상상도 할 수 없었죠. 1997년에 독일로 가서야 월드 와이드 웹World Wide Web을 제대로 체험할 수 있었습니다. 한국 소식을 보느라 날밤을 새며 학교 전산실 컴퓨터 앞에 앉아 있었죠. 당시 보이스 인터페이스는 상상도 할 수 없던 기술입니다. 10년 전인 2007년에 스마트폰이 도입되기 시작했습니다. 올해가 아이폰 탄생 10주년이죠. 2007년에 인공지능? 공상과학 이야기였습니다. 이렇게 지난 30년의 변화를 뒤돌아 보면 어마어마한 기술의 진화를 인류가 경험하고 있다고 말할 수 있습니다. 앞으로 다가올 30년은 어떨까? 어느 전문가도 이를 예측하지 못할 겁니다. 10년 앞도 예측하기 힘들죠. 확실한 것은 보이스가 지배적인 인터페이스의 하나가 될 것이라는 점입니다. 지금의 알렉사, 클로버, 빅스비와 10년 후의 그 셋은 완전히 다를 것입니다. 기업에게는 기회, 개인에게는 편리함도 주지만 여러 가지 위험도 존재하겠죠. 앞으로의 10년이 기대됩니다.

미주

1 Businesswire(2017), "Amazon to Acquire Whole Foods Market", http://www.businesswire.com/news/home/20170616005338/en/Amazon-Acquire-Foods-Market

2 https://www.365bywholefoods.com/

3 Foster(2017), "The Shelf Life of John Mackey", http://features.texasmonthly.com/editorial/shelf-life-john-mackey/

4. https://www.bloomberg.com/news/articles/2015-01-29/in-shift-whole-foods-to-compete-with-price-cuts-loyalty-app

5 Businesswire(2017), "Walmart CEO McMillon Outlines Vision for 'Future of Shopping' at Annual Shareholders' Meeting", https://www.businesswire.com/news/home/20170602005650/en

6 https://en.wikipedia.org/wiki/Toyota_Production_System

7 https://en.wikipedia.org/wiki/Lean_manufacturing

8 https://en.wikipedia.org/wiki/Kaizen

9 https://stratechery.com/2017/amazons-new-customer/

10 2016년 3월, 애플은 아마존 웹서비스의 계약이 완료되면 구글 클라우드를 이용하겠다고 밝혔다. https://www.cnbc.com/2016/03/17/apple-signs-up-to-google-cloud-services-in-major-win-over-amazon.html

11 아마존 웹서비스를 이용하고 있는 스냅챗은 앞으로 구글 클라우드 서비스도 함께 이용하는 계약을 맺은 상태다. http://fortune.com/2017/02/09/snap-inc-signs-big-aws-deal/

12 Bhattacharya(2016), "Amazon is just beginning to use robots in its warehouses and they're already making a huge difference", https://qz.com/709541/amazon-is-just-beginning-to-use-robots-in-its-warehouses-and-theyrealready-making-a-huge-difference/

13   Bensinger(2014), "Amazon Wants to Ship Your Package Before You Buy It", https://blogs.wsj.com/digits/2014/01/17/amazon-wants-to-ship-your-package-before-you-buy-it/

14   Bensinger(2015), "Amazon Expands Prime With Goods Shipped Directly From Merchants", https://blogs.wsj.com/digits/2015/06/12/amazon-expands-prime-with-goods-shipped-directly-from-merchants/

15   JUSTIA, "Amazon Technologies, Inc. Trademarks", https://trademarks.justia.com/owners/amazon-technologies-inc-2452347/page13

16   Wikipedia, "Horizontal integration", https://en.wikipedia.org/wiki/Horizontal_integration

17   https://services.amazon.com/fulfillment-by-amazon/benefits.htm/ref=asus_fba_hnav

18   Amazon(2017), "Amazon.com Announces Fourth Quarter Sales up 22% to $43.7 Billion", Businesswire, http://www.businesswire.com/news/home/20170202006227/en/Amazon.com-Announces-Fourth-Quarter-Sales-22-43.7

19   Amazon annual report

20   작은 막대 형태의 기기에서 '대시 버튼'을 누르기만 하면 곧바로 미리 등록해둔 상품의 구매로 연결된다.

21   Bilton(2010), "Amazon Is Said to Look at Hardware Beyond Kindle", https://bits.blogs.nytimes.com/2010/08/10/amazon-hopes-to-build-hardware-beyond-kindle/?mcubz=0

22   Eisenmann/Parker/Van Alstyne(2016), "Strategies for Two-Sided Markets", Harvard Business Review, https://hbr.org/2006/10/strategies-for-two-sided-markets

23   Hoffelder(2016), "B&N is Shutting Down One of Its Top Three Digital Blunders on 15 March", https://the-digital-reader.com/2016/03/03/bn-is-shutting-down-its-second-greatest-digital-blunder-on-15-march/

24   Bryce(2017), "How Amazon's Alexa was 'born' and where voice-controlled

tech will take us next", http://www.wired.co.uk/article/amazon-alexa-ai-evi

25   Etherington(2014), "Amazon Echo Is A $199 Connected Speaker Packing
      An Always-On Siri-Style Assistant", https://techcrunch.com/2014/11/06/
      amazon-echo/

26   Kendrick(2015), "Amazon Echo beta SDK coming for developers, content
      providers", http://www.zdnet.com/article/amazon-echo-beta-sdk-coming-
      for-diyers-developers-content-providers/

27   Davies(2015), "Amazon Echo is finally becoming your shopping assistant",
      https://www.slashgear.com/amazon-echo-is-finally-becoming-your-shop-
      ping-assistant-14383603/

28   Etherington(2015), "Amazon Unbundles Alexa Virtual Assistant From
      Echo With New Dev Tools", https://techcrunch.com/2015/06/25/amazon-
      unbundles-alexa-virtual-assistant-from-echo-with-new-dev-tools/

29   Davies(2015), "Amazon Echo now reads your Audible audiobooks",
      https://www.slashgear.com/amazon-echo-now-reads-your-audible-audio-
      books-05387022/

30   Tofel(2016), "Alexa can now read Kindle books aloud from an Amazon
      Echo for free", http://www.zdnet.com/article/alexa-can-now-read-kindle-
      books-aloud-from-an-amazon-echo-for-free/

31   Golson(2016), "Ford wants to integrate your smart home and your smart
      car", https://www.theverge.com/2016/1/5/10711914/ford-smart-home-
      connectivity

32   Kendrick(2015), "Amazon Echo update adds Pandora, iTunes, and Spotify
      voice control", http://www.zdnet.com/article/amazon-echo-update-adds-
      pandora-itunes-and-spotify-voice-control/

33   Crist(2015), "Amazon Echo enters the smart home with support for WeMo
      and Hue", https://www.cnet.com/news/amazon-echo-enters-the-smart-
      home-with-wemo-philips-hue-support/

34   https://www.amazon.com/alexa-skills/b/ref=skillsrw_

미주

surl?ie=UTF8&node=13727921011

35   CBINSIGHTS(2017), "Amazon Strategy Teardown: Building New Business
      Pillars in AI, Next-Gen Logistics, And Enterprise Cloud Apps", http://www.
      cbinsights.com/blog/amazon-strategy-teardown/

36   Chen(2017), "Alibaba Challenges Google, Amazon With New Echo-Like
      Device", https://www.bloomberg.com/news/articles/2017-07-05/alibaba-
      challenges-google-amazon-with-new-echo-like-device

37   Brian Roemmele(2016) "Voice Commerce & Voice Payments = The Fu-
      ture", https://letstalkpayments.com/voice-commerce-voice-payments-the-
      future/

38   Brian Roemmele(2016) "There is A Revolution Ahead and It Has A
      Voice", https://techpinions.com/there-is-a-revolution-ahead-and-it-has-a-
      voice/45071

39   "Amazon Alexa Moments: The Old Dog"(2017), https://www.youtube.com/
      watch?v=7Ms_FTVxNrk

40   David Loughlln(2017) "Alexa, What Are The Four Biggest Challenges To
      Voice Control Technology Hitting The Mainstream?", http://www.huffing-
      tonpost.co.uk/david-loughlin/alexa-what-are-the-four-b_b_14364160.html

41   Voice Labs(2017), "The 2017 Voice Report", http://voicelabs.co/2017/01/15/
      the-2017-voice-report/

42   Gartner(2016), "Gartner's Top 10 Strategic Technology Trends for 2017",
      http://www.gartner.com/smarterwithgartner/gartners-top-10-technology-
      trends-2017/

43   http://www.wordstream.com/blog/ws/2017/03/14/google-voice-search

44   Pelle Snickars & Patrick Vonderau, eds.(2013), "Moving Data: The I phone
      and the Future of Media", New York: Columbia University Press

45   voicebot.ai(2017), "Amazon Alexa Now Has 10k Skills, Including Europe",
      https://www.voicebot.ai/2017/02/28/amazon-alexa-now-has-10k-skills-
      including-europe/

46 Bret Kinsella(2016), "Amazon Alexa Gains Momentum with Brands, Consumers, Partners and International Launch", https://www.voicebot. ai/2016/09/19/amazon-alexa-gains-momentum-with-brands-consumers-partners-and-international-launch/

47 Brian Roemmele(2016), "Voice Commerce & Voice Payments = The Future" /Gurave Sharma(2016), "Voice is the New Platform and the Future of Search, Commerce, and Payment", https://chatbotsmagazine.com/voice-is-the-newo-s-and-the-future-of-search-commerce-and-payments-64fc8cc848f6

48 Sarah Perez(2017), "Microsoft's Dictate uses Cortana's speech recognition to enable dictation in Office", Techcrunch, https://techcrunch.com/2017/06/20/microsofts-dictate-uses-cortanas-speech-recognition-to-enable-dictation-in-office/

49 Chris Messina(2017), "Why Silicon Valley is all wrong about Amazon's Echo Show", https://medium.com/chris-messina/amazon-echo-show-354b93b448b5

50 Brian Roemmele(2017), "Inside The Amazon Echo Show And Its Impact On The Voice First Revolution", Forbes, https://www.forbes.com/sites/quora/2017/05/10/inside-the-amazon-echo-show-and-its-impact-on-the-voice-first-revolution/#67783906700d

51 Voice Labs(2017), "The 2017 Voice Report"

52 https://www.bloomberg.com/news/articles/2017-08-01/facebook-is-said-to-work-on-video-chat-device-in-hardware-push

53 Ubiquity: 곳곳 어디에나 존재할 수 있는 힘. 위키피디아, https://en.wikipedia.org/wiki/Ubiquity

54 Jessi Hampel(2016), "Voice Is the Next Big Platform, and Alexa Will Own It", https://www.wired.com/2016/12/voice-is-the-next-big-platform-and-alexa-will-own-it/

55 QUARZ(2017),"Amazon's Alexa heard her name and tried to order up a

ton of dollhouses", https://qz.com/880541/amazons-amzn-alexa-acciden-tally-ordered-aton-of-dollhouses-across-san-diego/"

56 TIME(2017), "Amazon Developing Advanced Voice-Recognition for Alexa"

57 Matte Weinberger(2017), "Microsoft explains its plan to win the 'battle for the future' against Amazon's Alexa and Google Assistant", Business Insider, http://www.businessinsider.com/microsoft-cortana-vs-amazon-echo-2017-1

58 Business Insider(2016), "We put Siri, Alexa, Google Assistant, and Cortana through a marathon of tests to see who's winning the virtual assistant race—here's what we found", http://www.businessinsider.com/siri-vs-goog-le-assistant-cortana-alexa-2016-11/#cortana-and-google-assistant-were-the-mosteager-to-comment-on-their-rivals-44

59 T3(2017), "Siri vs Google Assistant vs Cortana vs Alexa: battle of the AI assistants", http://www.t3.com/news/siri-vs-google-assistant-vs-cortana-vs-alexa-battle-of-the-ai-assistants

60 Brian Roemmele(2016), "Voice Commerce & Voice Payments = The Future"

61 Microsoft Window Blog(2015), "How Cortana Comes to Life in Windows 10", https://blogs.windows.com/windowsexperience/2015/02/10/how-cortana-comes-to-life-in-windows-10/

62 Microsoft Window Blog(2016), "Cortana brings Cultural Savviness to New Markets", https://blogs.windows.com/windowsexperience/2015/07/20/cor-tana-brings-cultural-savviness-to-new-markets/#c8ixmJvB6Y6rDdRx.97

63 Microsoft Window Blog(2015), "How Cortana Comes to Life in Windows 10"

64 Microsoft Window Blog(2016), "Cortana Expands the Role of the Digital Personal Assistant by Coming to Xbox One", https://blogs.windows.com/windowsexperience/2015/06/16/cortana-expands-the-role-of-the-digital-

personal-assistant-by-coming-to-xbox-one/

65 T3(2017), "Siri vs Google Assistant vs Cortana vs Alexa: battle of the AI assistants"

66 Microsoft Window Blog(2015), "Cortana Gets Even Smarter with Power BI Integration", https://blogs.windows.com/windowsexperience/2015/12/01/cortana-gets-even-smarter-with-power-bi-integration/#fYdK0YDlwQFLjQ7y.97

67 Nick Winglfild(2017), "'Cortana, Open Alexa,' Amazon Says. And Microsoft Agrees", NYTimes, https://www.nytimes.com/2017/08/30/technology/amazon-alexa-microsoft-cortana.html

68 Microsoft, "Artificial intelligence", https://news.microsoft.com/cloudfor-good/policy/briefing-papers/responsible-cloud/artificial-intelligence.html

69 MIT Technology Review(2017), "Siri May Get Smarter by Learning from Its Mistakes", https://www.technologyreview.com/s/603613/siri-may-getsmarter-by-learning-from-its-mistakes/

70 Tripp Mickle(2017), "'I'm Not Sure I Understand'—How Apple's Siri Lost Her Mojo", WallStreetJournal, https://www.wsj.com/articles/apples-siri-once-an-original-now-struggles-to-be-heard-above-the-crowd-1496849095

71 Google Research Blog(2017), "Federated Learning: Collaborative Machine Learning without Centralized Training Data", https://research.googleblog.com/2017/04/federated-learning-collaborative.html

72 앞의 문헌과 동일

73 Brian Roemmele(2016), "What is the Technology Behind Viv, the Next Generation of Siri?", https://medium.com/@brianroemmele/what-is-thetechnology-of-viv-the-next-generation-of-siri-baff7ed99e3b

74 〈와이어드〉에 실린 비브 플로차트를 기초로 간략하게 재구성. Wired(2014), "Siri's Inventors Are Building a Radical New AI That Does Anything You Ask", https://www.wired.com/2014/08/viv/

75 Elizabeth Dwoskin(2016), "Siri's creators say they've made something better that will take care of everything for you", The Washington Post, https://www.washingtonpost.com/news/the-switch/wp/2016/05/04/siris-creators-say-theyve-made-something-better-that-will-take-care-of-everything-for-you/?utm_term=.9caaeb8deef8

76 Brian Roemmele(2016), "There is A Revolution Ahead and It Has A Voice"

77 Brian Roemmele(2016), 앞의 문헌과 동일

78 "HARMAN Audio Augmented Reality"(2016), https://www.youtube.com/watch?v=r-d_DucmVzw

79 Hannes Gamper(2014), "Enabling technologies for audio augmented reality systems", Department of Media Technology, Doctoral dessertation, 39/2014, Alto University

80 Gaurav Sharma(2016), "Bots, Chat, Voice, Zero UI, and the future of Mobile Apps by Gaurav Sharma", https://chatbotsmagazine.com/the-future-of-uibots-conversation-voice-zero-ui-and-the-end-of-the-mobile-apps-defa5dcc09f5

81 Vannevar Bush(1945), "As We May Think"

82 정지훈(2014), 〈거의 모든 인터넷의 역사〉, 메디치, P.20 ~ 22

83 Ernst Peter Fischer(2002), 〈과학 혁명의 지배자들〉, 이민수 옮김, 양문출판사, P. 181~192

84 Ritchie, Dennis M.(1984), "The Evolution of the Unix Time-sharing System", AT&T Bell Laboratories Technical Journal. 63(6 Part 2)

85 https://en.wikipedia.org/wiki/Sketchpad

86 정지훈(2010), 〈거의 모든 IT의 역사〉, 메디치, P.100~102

87 Reimer, J.(2005), "A History of the GUI", https://arstechnica.com/features/2005/05/gui/

88 Johnson, E.A.(1965). "Touch Display–A novel input/output device for computers", Electronics Letters, 1 (8): 219–220.

89   Hurst, G. S., & Parks, J. E.(1970), <An Electrical Sensor of Plane Coordi-
      nates. Review of Scientific Instruments>

90   Mehta, Nimish(1982), "A Flexible Machine Interface", M.A.Sc. Thesis,
      Department of Electrical Engineering, University of Toronto, supervised by
      Professor K.C. Smith.

91   Nakatani, L. H., John A Rohrlich; Rohrlich, John A.(1983). <Soft Machines:
      A Philosophy of User-Computer Interface Design>. Proceedings of the
      ACM Conference on Human Factors in Computing Systems

92   http://cds.cern.ch/record/1266588/files/StumpeMar77.pdf

93   http://www.billbuxton.com/leebuxtonsmith.pdf

94   Krueger, Myron, W.(1983), <Artificial Reality>, Addison-Wesley

95   NY Times(2002), "No Press, No Stress: When Fingers Fly", http://www.
      nytimes.com/2002/01/24/technology/no-press-no-stress-when-fingers-fly.
      html

96   Nicolas Calson(2010), "And Boy Have We Patented It", http://www.busi-
      nessinsider.com/and-boy-have-we-patented-it-2010-3

97   Jeff Han TED talk(2006): "The Radical Promise of multi- touch inter-
      face", https://www.ted.com/talks/jeff_han_demos_his_breakthrough_
      touchscreen?language=la

98   Florence Ion(2013) "From touch displays to the Surface: A brief history
      of touchscreen technology", Ars thecnica https://arstechnica.com/gadg-
      ets/2013/04/from-touch-displays-to-the-surface-a-brief-history-of-touch-
      screen-technology/

99   Farooq, et al.(2017), "Human Computer Integration versus Powerful
      Tools", http://xrenlab.com/sites/default/files/paper1015.pdf

100   존 거트너(2012), 〈벨 연구소 이야기〉, 정향 옮김, 살림Biz

101   K.H.Davis, R.Biddulph, and S.Balashek,(1952), <Automatic Recognition of
      spoken Digits>, J.Acoust.Soc.Am., 24(6):637-642

102　Jim Flanagan et al.(1980), <Trends in Speech Recognition>, Wayne E. Lea editor

103　AD: Analog-to-Digital, DA: Digital-to-Analog

104　http://ethw.org/Oral-History:James_L._Flanagan

105　IBM100,"Pioneering Speech Recognition", http://www-03.ibm.com/ibm/history/ibm100/us/en/icons/speechreco/transform/

106　Pahini A. Trivedi(2014), "Introduction to Various Algorithms of Speech Recognition: Hidden Markov Model, Dynamic Time Warping and Artificial Neural Networks" IJEDR | Volume 2, Issue 4

107　J.R. Pierce(1969), "Whither Speech Recognition?", The Journal of the Acoustical Society of America, Vol. 46, No. 4(Part 2), 1049-1051, October 1969

108　The Economist(2017), "TECHNOLOGY QUARTERLY FINDING A VOICE", http://www.economist.com/technology-quarterly/2017-05-01/language

109　Klatt, Dennis H.(1977), "Review of the ARPA speech understanding project", The Journal of the Acoustical Society of America. 62(6): 1345–1366.

110　B. Yegnanarayana(1978), "Performance of Harpy speech recognition system for speech input with quantization noise", http://repository.cmu.edu/cgi/viewcontent.cgi?article=3503&context=compsci

111　IBM의 음성 인식 관련 특허 리스트: https://www.research.ibm.com/hlt/html/body_patents.html

112　Peter F. Brown, John Cocke, Stephen A. Della Pietra, VincentJ. DellaPietra, Frederick Jelinek, John D. Lafferty, Robert L. Mercer, and Paul S. Roossin(1990), "A statistical approach to machine translation. Computational Linguistics", 16(2):79–85, June 1990.

113　Lawrence Rabier(1989), "A tutorial on Hidden markov Models and Selected Applications in Speech Recognition, Proceeding of the IEEE", Vol.77, No.2, Feb. 1989.

114 Gaurav Sharma(2016), "Voice is the new platform of search, commerce and payment"

115 Xuedong Huang, et. al(2016), "Achieving human parity WER: Achieving Human Parity in Conversational Speech Recognition", Microsoft Technical Report

116 Toyota Yui @ CES 2017: https://youtu.be/8IyPVK31j2o

117 http://www.economist.com/technology-quarterly/2017-05-01/language

118 에저튼, 데이빗(2015), 〈낡고 오래된 것들의 세계사〉, 정동욱, 박민아 옮김, 휴먼 사이언스, p27

119 https://arstechnica.com/features/2005/05/gui/

120 Voice Labs(2017), Voice Labs Consumer Servay-"What Do you like your Amazon Echo and Google Home", http://voicelabs.co/2017/01/15/the-2017-voice-report/

121 http://time.com/4260991/amazon-echo-skills-alexa/

122 Benedict Evans(2016), "Echo, interfaces and friction", http://ben-evans.com/benedictevans/2016/10/10/echo-interfaces-and-friction

123 "Amazon Alexa Moments: Chili"(2017), https://www.youtube.com/watch?v=DmXU2HQUoPo

124 Chris Messina(2017), "Why Silicon Valley is all wrong about Amazon's Echo Show", https://medium.com/chris-messina/amazon-echo-show-354b93b448b5

125 Brian Roemmele(2016), "There is a Revolution Ahead and It Has A Voice"

126 Walt Mossberg(2017), "Mossberg:Dissapearing Computer", https://www.recode.net/2017/5/25/15689094/mossberg-final-column

127 Sarah Guo(2017), "The Conversational Economy — Voice and the New Era of Multi-Modal Computin", https://news.greylock.com/https-news-greylockcom-the-conversational-economy-voice-and-the-new-era-of-multi-modalcomputing-96f535c058f6

128 메이슨, 폴(2015), 〈포스트 자본주의: 새로운 시작〉, 안진이 역, 더퀘스트, 2017, p21

129 SmartInsights(2017), "Managing Content Shock in 2017"(2016년 데이터) http://www.smartinsights.com/internet-marketing-statistics/happens-online-60-seconds/

130 Matt Hartman(2016), "Interfaces On Demand", https://hackernoon.com/interfaces-on-demand-336d38123080#.f8yw1qm6x

131 '인스턴스'는 철학에서는 눈에 보이지 않는 어떤 개념을 실제 현실의 구체적인 것으로 형상화한 것을 말하고, 프로그래밍에서는 코딩된 설계도의 내용을 실제로 다룰 수 있도록 만든 어떤 객체를 말한다. https://en.wikipedia.org/wiki/Instantiation

132 Matt Hartman(2016), 앞의 문헌과 동일

133 Owen Williams가 자신의 글(2016) "How voice assistants seemingly came from nowhere" 에서 구글 팀이 직접 제시한 사례로 소개함. https://medium.com/conversational-interfaces/how-voice-assistants-seemingly-came-fromnowhere-33747876b91f

134 Arnita Saini(2016), "Voice User Interfaces — 15 challenges a.k.a. opportunities for design", https://uxdesign.cc/why-is-it-so-difficult-to-use-and-designvoice-uis-87f2976aa796

135 Business Insider(2016), "Apple is working on an AI system that wipes the floor with Google and everyone else", http://www.businessinsider.com/how-apples-vocaliq-ai-works-2016-5

136 Benedict Evans(2017), "Voice and the uncanny valley of AI", http://ben-evans.com/benedictevans/2017/2/22/voice-and-the-uncanny-valley-of-ai

137 Wired(2014), "Siri's Inventors Are Building a Radical New AI That Does Anything You Ask"

138 Voice Labs(2017), "The 2017 Voice Report", http://voicelabs.co/2017/01/15/the-2017-voice-report/

139 Voice Labs(2017), 앞의 문헌과 동일

140 Benedict Evans(2017), "Voice and the uncanny valley of AI" 141 Uncanny Valley: https://en.wikipedia.org/wiki/Uncanny_valley

142 Benedict Evans(2017), "Voice and the uncanny valley of AI"

143 Matt Hartman(2016), "Interfaces On Demand", https://hackernoon.com/interfaces-on-demand-336d38123080#.f8yw1qm6x

144 Will Oremus(2016), "Terrifyingly Convenient", http://www.slate.com/articles/technology/cover_story/2016/04/alexa_cortana_and_siri_aren_t_novelties_anymore_they_re_our_terrifyingly.html

145 Gerald Sauer (2017), "A MURDER CASE TESTS ALEXA'S DEVOTION TO YOUR PRIVACY", Wired, https://www.wired.com/2017/02/murder-case-tests-alexas-devotion-privacy/

146 The Guardian(2017), "Murder defendant volunteers Echo recordings Amazon fought to protect", https://www.theguardian.com/technology/2017/mar/07/murder-james-bates-defendant-echo-recordings-amazon

147 Alina Selyukh(2017), "As We Leave More Digital Tracks, Amazon Echo Factors In Murder Investigation", http://www.npr.org/sections/alltechconsidered/2016/12/28/507230487/as-we-leave-more-digital-tracks-amazoncho-factors-in-murder-investigation

148 Brian Roemmele(2016), "Voice Commerce & Voice Payments = The Future"

149 Zoey Collier(2016), "The Story of the Capital One Alexa Skill", Amazon Blog, https://developer.amazon.com/blogs/post/c70e3a9b-405c-4fe1-bc20-bc0519d48c97/the-story-of-the-capital-one-alexa-skill

150 TIME(2017), "Amazon Developing Advanced Voice-Recognition for Alexa", http://time.com/4683981/amazon-echo-voice-id-feature-2017/

151 Benedict Evans,(2016), "Mobile is eating the world", http://ben-evans.com/benedictevans/2016/12/8/mobile-is-eating-the-world

152 강정수(2016), "선형 미디어 시대의 종말", http://slownews.kr/52007

153 대형 마트 매대에서 가장 눈에 띄는 부분을 차지할 수 있는 권한. P&G와 월마트의 관계가 좋은 예시이다.

154 Nielson Company(2014), "TECH-OR-TREAT: CONSUMERS ARE SWEET ON MOBILE APPS", http://www.nielsen.com/us/en/insights/news/2014/tech-or-treat-consumers-are-sweet-on-mobile-apps.html

155 Dave Hoch(2015), "App User Retention Improves in the U.S., but Declines Internationally", http://info.localytics.com/blog/app-user-retention-improves-in-the-us?__hstc=233546881.99637d7996b56a56ecf9830251b0a0 ca.1405347800497.1447205605550.1447238418657.524&__hssc=23354688 1.1.1447238418657&__hsfp=1012026092

156 Dave Hoch(2015), "How to Keep Your App User with the 3x3 Rules", http://info.localytics.com/blog/how-to-keep-your-app-users-with-the-3x3-rule

157 Gaurav Sharma(2016), "Bots, Chat, Voice, Zero UI, and the future of Mobile Apps"

158 특정 상품에 대한 어떤 사람의 수요가 다른 사람들의 수요에 의해 영향을 받는 효과, 위키피디아, https://en.wikipedia.org/wiki/Network_effect

159 Ben Thomson(2017), "ALEXA: AMAZON'S OPERATING SYSTEM", https://stratechery.com/2017/amazons-operating-system/

160 Morgan Stanley Report(2017)

161 Brian Roemmele(2016), "Voice Commerce & Voice Payments = The Future"

162 RECORD(2017-2019), "Average Individual daily Media Consumption in minutes", https://www.recode.net/2017/5/30/15712660/media-consumption-zenith-mobile-internet-tv

163 http://research.vertoanalytics.com/hubfs/Files/VertoAnalytics-Personal-Assistant-Report.pdf?t=1499868480057&utm_campaign=Website%20 Resources&utm_source=hs_automation&utm_medium=email&utm_content=53917582&_hsenc=p2ANqtz—0mB5AeYW84MoKc_fe5CP-w0kd23DAblez0Ms8-tYsnzUibuqaebEKomvg9VuwySymAlOhbOrP-

SunPYlEP0pmBk-V2AE1w&_hsmi=53917582

164 Brian Roemmele(2016), "Inside The Amazon Echo Show And Its Impact On The Voice First Revolution", https://www.forbes.com/sites/quora/2017/05/10/inside-the-amazon-echo-show-and-its-impact-on-the-voice-first-revolution/#19a4440b6700

165 Ben Thompson(2014), "HOW TECHNOLOGY IS CHANGING THE WORLD (P&G EDITION)", https://stratechery.com/2014/technology-changing-world-pg-edition/

166 WallStreetJounal(2016), "Wal-Mart and P&G: A $10 Billion Marriage Under Strain", https://www.wsj.com/articles/wal-mart-and-p-g-a-10-billion-marriage-under-strain-1465948431

167 연합뉴스, http://m.yna.co.kr/kr/contents/?cid=AKR20160225199000030&mobile

168 Scott Gallaway(2017), "This Technology Kills Brands", https://www.youtube.com/watch?v=BXEu8RcneZQ

169 Scott Gallaway(2017), 앞의 영상

170 Ariel Ezrachi & Maurice E.Strucke(2016), "Virtual Competition", Havard University Press

171 스톤, 브래드(2014), 〈아마존, 세상의 모든 것을 팝니다〉, 야나 마키에이라 역, 21세기북스, 416P

172 MIT Technology Review(2017), "Amazon's Echo Look Rates Your Outfits and Slurps Up Revealing Data", https://www.technologyreview.com/s/604284/amazons-echo-look-rates-your-outfits-and-slurps-up-revealing-data/

173 Brian Heater(2017), "Amazon's Dash Wand barcode scanner returns with Alexa and is now essentially free", Techcrunch, https://techcrunch.com/2017/06/15/amazons-dash-wand-barcode-scanner-returns-with-alexa-and-is-now-essentially-free/

174 EMarketer(2017), "보이스 인공지능 스피커 사용자 현황": 에코 70.6%/구글 홈 23.8%/기타 5.6%

175 Market Insider(2017), "There are four new markets Amazon could be ready to take over", http://uk.businessinsider.com/amazon-stock-price-four-markets-well-positioned-to-take-over-2017-6

176 Techcrunch(2017), "Amazon's new Alexa developer policy now bans all ads except in music and flash briefings", https://techcrunch.com/2017/04/20/amazons-new-alexa-developer-policy-now-bans-all-ads-except-in-music-and-flash-briefings/

177 Business Insider(2017), "Amazon shies away from Alexa ads", http://www.businessinsider.com/amazon-echo-shies-away-from-alexa-ads-2017-6

178 VoiceLabs(2017), http://voicelabs.co/2017/06/13/voicelabs-is-hibernating-its-sponsored-messages-amazon-alexa-advertising-network/

179 Adlucent, Digital marketing agency Report

180 http://sethgodin.typepad.com/seths_blog/2014/04/search-vs-discovery.html

181 http://time.com/4672968/yuval-noah-harari-homo-deus/